Übungsbuch mit Audios online

# A2

# Deutsch echt einfach

## für Jugendliche

AF288061

von
Giorgio Motta

bearbeitet von
E. Danuta Machowiak
Ulrike Trebesius-Bensch (Phonetik)
Jan Szurmant (Landeskunde, Zwischenstopps)
Beata Ćwikowska (Videostationen)

Ernst Klett Sprachen
Stuttgart

# Verwendete Symbole

> HÖREN ▶ 12          Titelnummer der Aufnahme
Dateien verfügbar unter: www.klett-sprachen.de/deutsch-echt-einfach-online

**B 9** Bilde Sätze.      Übungen zum passenden Teil der Lektion im Kursbuch

Zu diesem Buch gibt es Audios, die mit der Klett-Augmented-App geladen und abgespielt werden können.

| Klett-Augmented-App kostenlos downloaden und öffnen | **Seiten mit Audios** scannen | Audios laden, direkt nutzen oder speichern |

Scannen Sie diese Seite für weitere Komponenten zu diesem Titel.

1. Auflage          1 6 5 4 | 2024 23 22

Alle Drucke dieser Auflage sind unverändert und können im Unterricht nebeneinander verwendet werden. Die letzte Zahl bezeichnet das Jahr des Druckes.

Giorgio Motta
© Original Work: Giorgio Motta „DAS – Lehrwerk für Deutsch"
Published by Loescher Editore, Torino (Italia) 2015. All rights reserved.
Editorial coordination: Elena Rivetti

Giorgio Motta
bearbeitet von E. Danuta Machowiak, Ulrike Trebesius-Bensch (Phonetik),
Jan Szurmant (Landeskunde, Zwischenstopps), Beata Ćwikowska (Videostationen)

**Deutsch echt einfach**
Internationale Ausgabe:
© Ernst Klett Sprachen GmbH, Stuttgart 2017. Alle Rechte vorbehalten.
Internetadresse: www.klett-sprachen.de

**Redaktion:** Beata Ćwikowska, Daria Miedziejko
**Lektorat:** Michael Krumm (MK Lektorat), Hamburg
**Beratung:** Virginia Gil, Seniz Sutcu
**Layoutkonzeption:** grundmanngestaltung, Karlsruhe
**Gestaltung und Satz:** grundmanngestaltung, Karlsruhe
**Umschlaggestaltung:** Annette Siegel
**Illustrationen:** Monika Fucini, Turin
**Reproduktion:** Meyle + Müller GmbH + Co. KG, Pforzheim
**Druck und Bindung:** Elanders GmbH, Waiblingen

ISBN 978-3-12-676527-5

# Inhaltsverzeichnis

## A 1 Sportarten. Was kannst du (nicht)? Kreuze an und schreib Sätze.

**Das kann ich ...**

| | sehr gut | nicht so gut | überhaupt nicht | Ich kann sehr gut |
|---|---|---|---|---|
| schwimmen | ☐ | ☐ | ☐ | |
| Fußball spielen | ☐ | ☐ | ☐ | |
| Tennis spielen | ☐ | ☐ | ☐ | |
| inlineskaten | ☐ | ☐ | ☐ | |
| Ski fahren | ☐ | ☐ | ☐ | |
| reiten | ☐ | ☐ | ☐ | |
| Rad fahren | ☐ | ☐ | ☐ | |
| Volleyball spielen | ☐ | ☐ | ☐ | |
| Basketball spielen | ☐ | ☐ | ☐ | |
| Handball spielen | ☐ | ☐ | ☐ | |

## 2 Wer kann was (nicht) machen? Schreib Sätze.

**1.** mein Bruder ▶ das Fahrrad reparieren können

*Mein Bruder kann*

**2.** ich ▶ die Englischaufgabe nicht lösen können

**3.** meine Oma ▶ eine MMS nicht schicken können

**4.** mein Freund ▶ Arabisch nicht sprechen können

**5.** Tina und Jens ▶ Tennis spielen können

**6.** meine Großeltern ▶ im Internet surfen können

# 3 Bilde Dialoge.

**1.** nach Bonn / Auto kaputt ▶ der Zug

- *Ich muss nach Bonn fahren, aber mein Auto ist kaputt.*

- *Du kannst aber mit dem Zug fahren.*

**2.** ins Zentrum / kein Auto ▶ die U-Bahn

-

-

**3.** zu Tante Erika / Mofa kaputt ▶ das Fahrrad

-

-

**4.** zur Schule / kein Fahrrad ▶ der Bus

-

-

**5.** zur Arbeit / kein Auto ▶ die Straßenbahn

-

-

# 4 Bilde Dialoge wie im Beispiel.

Ich will Deutsch lernen.

Du musst also nach Deutschland fahren.

**1.** Ski fahren lernen ▶ einen Skikurs besuchen

-

-

**2.** fit und gesund bleiben ▶ viel Sport treiben

-

-

**3.** viele Leute kennenlernen ▶ ins Jugendzentrum gehen

-

-

## 5 Ergänze die Tabelle.

|  | können | müssen | wollen |
|---|---|---|---|
| ich |  |  |  |
| du |  |  |  |
| er, sie, es |  |  |  |
| wir | können |  |  |
| ihr |  | müsst |  |
| sie, Sie |  |  | wollen |

## 6 *Können* oder *müssen*? Ergänze die Sätze.

**1.** Timo _____ schwimmen, aber er _____ nicht inlineskaten.

**2.** Silke und Elke _____ die Übungen nicht machen. Sie _____ noch viel lernen.

**3.** Peter _____ nicht kommen. Er _____ für die Klassenarbeit lernen.

**4.** _____ ihr bitte meine Eltern anrufen? Ich habe kein Handy.

**5.** ● _____ du mir bitte helfen?

  ● Tut mir leid, ich _____ schnell in die Stadt.

**6.** ● Um wie viel Uhr _____ ihr in der Schule sein?

  ● Wir _____ um 8.00 Uhr dort sein.

## 7 Das Verb *wollen*. Ergänze die Sätze.

**1.** Petra _____ Italienisch lernen.

**2.** Wir _____ eine Party geben.

**3.** Herr Scholz _____ ein neues Auto kaufen.

**4.** Ich _____ im Winter einen Skikurs besuchen.

**5.** _____ du mit uns ins Kino gehen?

**6.** Meine Freunde _____ im Sommer nach Spanien fahren.

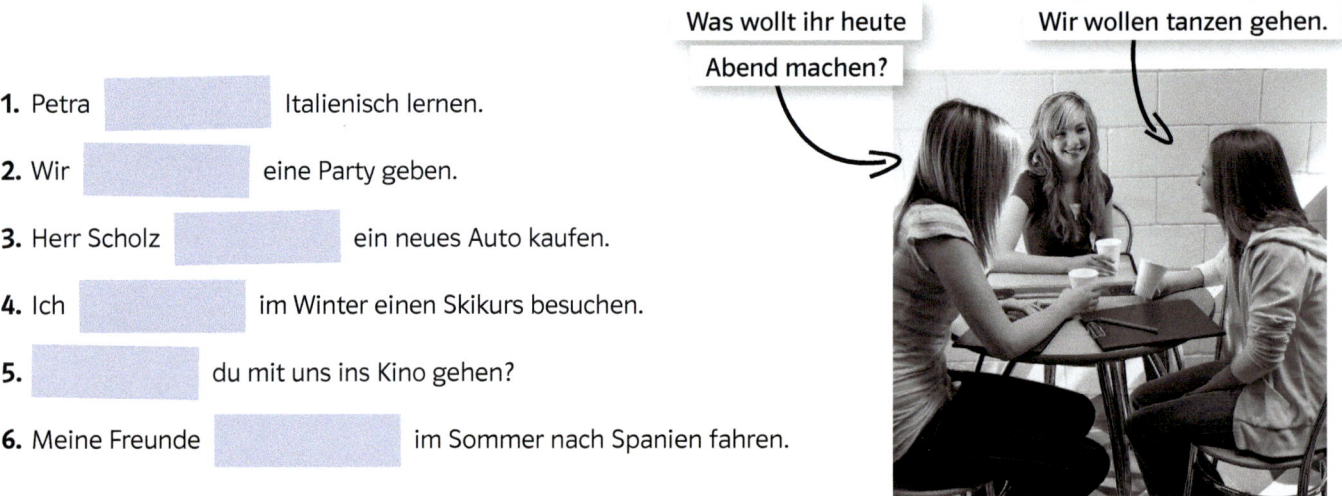

Was wollt ihr heute Abend machen?

Wir wollen tanzen gehen.

## 8 *Können*, *wollen* oder *müssen*? Ergänze die Sätze.

**1.** Ich _____ nicht Ski fahren, aber ich _____ es lernen.

**2.** Herr Meier _____ das Kolosseum sehen. Also _____ er nach Rom fahren.

**3.** Dein Deutsch ist nicht so gut. Du _____ mehr lernen.

**4.** Wir _____ im Sommer unbedingt nach Kreta fahren.

**5.** _____ ich bitte dein Smartphone nehmen?

**6.** Was? Du _____ nicht Fußball spielen!? Alle Jungen _____ Fußball spielen.

## 9 Bilde Sätze.

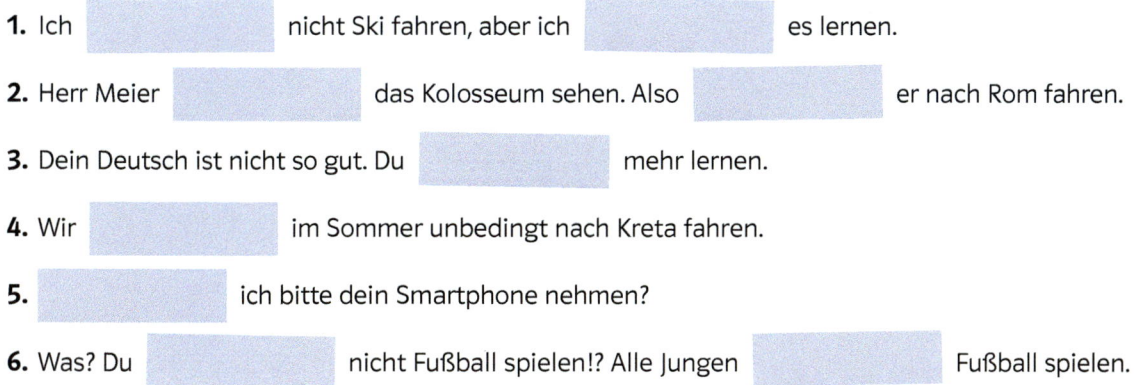

| Karin | wollen | reiten. | Ich | gehe | in den Park. |
|---|---|---|---|---|---|
| Ich | will | schwimmen. | Er | geht | ins Fitnessstudio. |
| Max | möchte | joggen. | Sie | gehen | in den Tennisclub. |
| Wir | möchten | Tennis spielen. | Wir | | in die Reithalle. |
| Ben und Olaf | | Volleyball spielen. | | | ins Schwimmbad. |
| Meine Freunde | | Fit-Boxing machen. | | | in die Turnhalle. |

*Karin will Fit-Boxing machen. Sie geht ins Fitnessstudio.*

## 10 *Wo* oder *wohin*? Ergänze die Fragen und kreuze an.

**1.** _____ spielst du Volleyball?

   **a.** ☐ In der Turnhalle.    **b.** ☐ In die Turnhalle.

**2.** Du willst Tennis spielen. _____ gehst du?

   **a.** ☐ Im Tennisclub.    **b.** ☐ In den Tennisclub.

**3.** _____ machst du Fit-Boxing?

   **a.** ☐ Im Fitnessstudio.    **b.** ☐ Ins Fitnessstudio.

**4.** _____ lernst du schwimmen?

   **a.** ☐ Im Schwimmbad.    **b.** ☐ Ins Schwimmbad.

**5.** _____ gehst du joggen?

   **a.** ☐ Im Park.    **b.** ☐ In den Park.

**6.** _____ reitest du heute?

   **a.** ☐ In die Reithalle.    **b.** ☐ In der Reithalle.

## 11 Akkusativ oder Dativ? Ergänze die Antworten.

1. ● Wohin gehst du heute Abend? — ● _____ Fitnessstudio.
2. ● Wo machst du Krafttraining? — ● _____ Turnhalle.
3. ● Wohin gehst du am Wochenende? — ● _____ Tennisclub.
4. ● Wohin gehst du so schnell? — ● _____ Schwimmbad.
5. ● Wo triffst du Anke? — ● _____ Sportzentrum.
6. ● Wo spielst du Squash? — ● _____ Tennisclub.

## 12 Warum? Ordne die Antworten den Fragen zu. Dann schreib Sätze.

1. _c_ Warum treibst du Sport?
2. ___ Warum fährst du nach Österreich?
3. ___ Warum rufst du deine Freunde an?
4. ___ Warum lernst du nicht?
5. ___ Warum gehst du ins Jugendzentrum?
6. ___ Warum lernst du Französisch?

a. Ich will Deutsch lernen.
b. Ich will neue Leute kennenlernen.
c. Ich will sie ins Kino einladen.
d. Ich will nach Paris fahren.
e. Ich will fit bleiben.
f. Ich will fernsehen.

*Ich treibe Sport, weil ich fit bleiben will.*

_____

_____

_____

## 13 Antworte mit *weil*.

1. ● Warum treibst du so viel Sport? (ich / abnehmen wollen)
   ● Weil _____

2. ● Warum lernst du so viel? (ich / morgen / eine Klassenarbeit schreiben)
   ● Weil _____

3. ● Warum bleibst du zu Hause? (ich / Hausaufgaben machen müssen)
   ● Weil _____

4. ● Warum isst du so wenig? (ich / keinen Appetit haben)
   ● Weil _____

## 14 Antworte frei.

Warum magst du Mathe nicht?

Warum …?

Warum lernst du Deutsch?

Warum hast du immer dein Smartphone dabei?

Warum triffst du dich mit deinen Freunden?

Weil ich Mathe langweilig finde.

Weil …

## 15 Warum treiben sie Sport? Hör zu und kreuze an. > HÖREN ▶ 1

**1.** Julia treibt Sport, weil …

**a.** sie Spaß dabei hat.

**b.** sie abnehmen will.

**c.** sie gern an der frischen Luft ist.

**d.** sie ihre Freunde und Freundinnen treffen kann.

**e.** sie sich durch Sport fit hält.

**2.** Patrick treibt Sport, weil …

**a.** er Profisportler werden will.

**b.** er damit Stress abbauen kann.

**c.** Sport der Gesundheit gut tut.

**d.** er ein dynamischer Typ ist.

**e.** er einen athletischen Körper haben will.

## 16 Antworte.

Ich treibe Sport, …

weil

weil

weil

**B** 17 Ergänze die Tabelle.

|  | dürfen |
|---|---|
| ich | |
| du | |
| er, sie, es | darf |
| wir | |
| ihr | dürft |
| sie, Sie | |

Ich darf leider nicht
auf die Party gehen.

18 Was darfst du (nicht)?

abends allein weggehen • bis 22.00 Uhr fernsehen • bis Mittag schlafen • rauchen • Mofa fahren • faulenzen •
in die Disco gehen • bis spät aufbleiben • allein wohnen • ständig telefonieren • laut Musik hören

| Das darf ich! | Das darf ich nicht! |
|---|---|
| | |

19 Gibt es Streit bei dir zu Hause? Schreib einen kurzen Text im Heft.

| | |
|---|---|
| Bei mir zu Hause gibt es … | manchmal / oft / immer Streit. |
| Meine Eltern sind … | streng / autoritär. |
| Meine Eltern haben … | wenig / kein Verständnis. |
| Ich bin schon 16, aber ich darf nicht … | allein weggehen / mit meiner Freundin weggehen / |
| | bei meiner Freundin übernachten … |
| Ich will … | allein weggehen / bis Mitternacht wegbleiben … |
| Meine Eltern wollen nicht, dass ich … | mir ein Piercing mache / spät ins Bett gehe … |
| Zu Hause muss ich … | mein Zimmer aufräumen / mein Bett machen … |
| Zu Hause darf ich nicht … | … |

**20** Nicht erlaubt in der Klasse! Schreib Sätze.

| | | | |
|---|---|---|---|
| In der Klasse darf man | | | |
| nicht | | | |
| | | | |

**21** Ergänze die Tabelle.

| Wo? | muss man | kann man | darf man nicht |
|---|---|---|---|
| im Kino | ruhig sitzen, | | |
| im Jugendclub | | Billard spielen, | |
| im Schwimmbad | | | |
| in der Pizzeria | | | |
| im Hotel | | | |

**22** Was bedeuten die Schilder?

1. Hier darf man nicht rauchen.

2. 

3. 

4. 

5. 

6.

## 23 Wo darf man (nicht) parken? Schreib Sätze.

| Parkverbot | Kein Parkverbot |
| --- | --- |
| das Kino | die Schule |
| die Eisdiele | das Hotel |
| das Theater | die Post |
| die Polizeistation | der Supermarkt |

*Vor dem Kino darf man nicht parken.*

Wo darf man in deinem
Ort nicht parken?

## 24 *Können* oder *dürfen*? Ergänze die Sätze.

Ich darf jeden Tag trainieren.
Meine Eltern haben nichts dagegen.

**1.** Ich _____ nicht kommen. Ich habe keine Zeit.

**2.** Bettina _____ nicht kommen. Ihre Mutter will es nicht.

**3.** Wir _____ heute Abend in die Disco gehen. Was meint ihr?

**4.** Wir _____ nicht in die Disco gehen. Unsere Eltern sind dagegen.

**5.** In der Klasse _____ man nicht laut sein.

**6.** Im Tennisclub _____ man auch Squash spielen.

**7.** • _____ du Deutsch?

• Ja, ich _____ Deutsch und Englisch.

**8.** • _____ man hier fotografieren?

• Nein, hier ist das Fotografieren verboten.

## 25 *Müssen* oder *dürfen*? Ergänze die Sätze.

**1.** Heute _____ wir zu Hause bleiben. Wir _____ lernen.

**2.** Heute Abend _____ ich mit meinen Freunden ausgehen. Meine Eltern erlauben es mir.

**3.** Eva will Pianistin werden. Sie _____ jeden Tag drei Stunden üben.

**4.** Ich _____ nicht allein ins Ausland fahren. Ich bin noch zu jung.

**5.** Deine Schwester _____ nicht mitkommen. Sie ist noch zu klein.

**6.** Ich habe eine Fünf bekommen. Ich _____ noch viele Übungen machen.

**7.** Die Kinder _____ jetzt schlafen gehen. Es ist spät.

## 26 Was sagt der Arzt? Schreib die Sätze zu Ende.

Anton Müller lebt sehr ungesund. Er treibt keinen Sport, er isst unregelmäßig. Er isst zu viele Süßigkeiten. Er raucht 20 Zigaretten pro Tag. Er arbeitet sehr viel.

**1.** Herr Müller, Sie müssen

_____

**2.** Herr Müller, Sie dürfen keine

_____

**3.** Herr Müller, Sie dürfen nicht mehr

_____

## C 27 Richtig (R) oder falsch (F)? Hör zu und kreuze an. > HÖREN ▶ 2

|  | R | F |
|---|---|---|
| **1.** Petra und Tobias möchten nach München fahren. |  |  |
| **2.** Petra und Tobias fahren mit dem Auto nach München. |  |  |
| **3.** Sie fahren mit dem Auto von Petras Vater. |  |  |
| **4.** Der Regionalzug kommt um 10.45 Uhr in München an. |  |  |
| **5.** Petra und Tobias fahren mit dem ICE um 9.18 Uhr. |  |  |
| **6.** Sie treffen sich direkt um 8.45 Uhr am Bahnhof. |  |  |

**28** Bilde Sätze.

Ich muss heute für die
Klassenarbeit lernen!

**1.** Frau Meier / nach Berlin / fahren / morgen / müssen

**2.** wann / du / kommen / können / zu / mir / ?

**3.** du / zu Hause / heute Nachmittag / müssen / bleiben / ?

**4.** Eva / tanzen gehen / wollen / aber / sie / nicht / dürfen

**5.** nicht / kommen / ich / können / heute Abend

**6.** den Weg / erklären / Sie / können / zum / mir / Bahnhof / ?

**7.** in die / gehen / Julia / wollen / Turnhalle

**29** Bilde Sätze.

| Petra | will | in der Bibliothek | Ski fahren. |
|---|---|---|---|
| Wir | muss | unsere Freunde | fahren. |
| Ich | müssen | mit ihrem Freund | nicht laut sprechen. |
| Man | kann | zu Hause | wiedersehen. |
| Elke und Max | darf | sehr gut | helfen. |
| Herr Scholz | können | zur Party | ausgehen. |
| | wollen | nach Berlin | ruhig sitzen. |
| | dürfen | in der Klasse | kommen. |

*Herr Scholz muss nach Berlin fahren.*

# Wörtertraining

**1** Was könnt ihr am Wochenende machen? Formuliere die Vorschläge.

 1  2  3  4  5

Leute, wir können

**2** Du hast viele Bitten … Bilde Sätze.

**1.** Mutti, kannst du                                                                     ?

**2.**                                                                                        ?

**3.**                                                                                        ?

**4.**                                                                                        ?

| deine Mutter | ▶ | Du bist hungrig. |
| dein Freund | ▶ | Du brauchst Hilfe. |
| dein Bruder | ▶ | Du brauchst sein Smartphone. |
| dein Lehrer | ▶ | Du verstehst die Aufgabe nicht. |

**3** Lies den Dialog und ergänze ihn.

● Entschuldigung, aber Sie            hier nicht parken.

● Warum?

● Hier ist

● Und wo            man parken?

● Es gibt einen            in der Kaiserstraße.

● Ich bleibe nur            . Ich warte auf

● Tut mir            , aber Sie            nicht. Sie            sofort wegfahren.

## A 1 Was wollen sie in Berlin machen? Bilde Sätze.

| | | |
|---|---|---|
| Hanna | seinen Schülern und Schülerinnen die Stadt | kennenlernen. |
| Mesut | mehr über die Geschichte Berlins | wiedersehen. |
| Fabian | in der Zukunft in Berlin | zeigen. |
| Julia | will | ihre neuen Schüler und Schülerinnen besser | kaufen. |
| Herr Schröder | seine Großeltern | leben. |
| Frau Richter | ein T-Shirt für ihren Bruder | wissen. |

*Mesut will seine Großeltern wiedersehen.*

## 2 Traumberufe. Bilde Sätze.

| Hanna | interessiert sich für Geschichte. | | | Model. |
|---|---|---|---|---|
| Mesut | will Betriebswirtschaft studieren. | Sein Traumberuf | ist | Geschichtslehrer. |
| Fabian | liebt modische Klamotten. | Ihr Traumberuf | | Fußballspieler. |
| Julia | spielt sehr gut Fußball. | | | Managerin. |

*Ich interessiere mich …*

Wofür interessierst du dich?

Was ist dein Traumberuf?

## 3 Was passt zusammen? Ordne zu.

1.     Ist das euer Hund?

2.     Ist das das Handy von Eva?

3.     Ist das dein Bruder?

4.     Sind das eure Bücher?

5.     Ist das das Fahrrad von Max?

6.     Ist das eure Lehrerin?

7.     Sind das die Eltern von Julia und Rita?

8.     Ist das die Kamera von Peter?

a. Nein, das ist nicht unsere Lehrerin.

b. Ja, das ist sein Fahrrad.

c. Ja, das ist unser Hund.

d. Nein, das sind nicht unsere Bücher.

e. Nein, das ist nicht ihr Handy.

f. Ja, das sind ihre Eltern.

g. Nein, das ist nicht seine Kamera.

h. Ja, das ist mein Bruder.

## 4 Antworte.

1. ● Sind das deine Bücher?
   ○ Nein,

2. ● Sind das die Kleider von Lena?
   ○ Ja,

3. ● Ist das der PC von Florian?
   ○ Nein,

4. ● Sind das eure Freunde?
   ○ Ja,

5. ● Ist das die Frau von Herrn Weigel?
   ○ Ja,

6. ● Ist das der Mann von Frau Weigel?
   ○ Nein,

## 5 Ergänze die Sätze.

eure • ihrem • Ihr • mein • deine • sein • seinem • Ihr • dein

1. Ich finde     Matheheft nicht mehr.

2. Eva spricht mit     Freund Max.

3. Wo hast du     Schultasche vergessen?

4. Tobias fährt mit     Vater nach Italien.

5. Elke, wo ist     T-Shirt?

6. Petra hat ein neues Mountainbike.     Mountainbike ist wirklich toll!

7. Herr Meier findet     Handy nicht mehr.

8. Habt ihr     Bücher dabei? Wir wollen lernen.

9. Frau Krause, ist das     Tablet?

## 6 Antworte wie im Beispiel.

1. ● Mutti, wo sind unsere Tennisschuhe?

   ◦ Tut mir leid,

2. ● Vati, wo ist unser Fotoapparat?

   ◦ Tut mir leid,

3. ● Klaus, wo ist das Smartphone von Vati?

   ◦ Keine Ahnung,

4. ● Mutti, wo ist das Matheheft von Erika?

   ◦ Ich weiß nicht,

5. ● Vati, wo sind die Bücher von Opa Franz?

   ◦ Tut mir leid,

6. ● Jessica, wo ist der Hund von Emily und Rita?

   ◦ Tut mir leid,

Mutti, wo ist mein Pullover?

Tut mir leid, ich habe deinen Pullover nicht gesehen.

## 7 Die Familienparty. Antworte wie im Beispiel.

1. ● Onkel Georg?     ◦ *Ja, wir laden ihn ein. Er erzählt so interessant!*

2. ● Tante Monika?     ◦ *Ja, wir laden sie ein. Sie ist so lustig!*

3. ● Oma Erika?     ◦

4. ● Opa Fritz?     ◦

5. ● Cousine Marie?     ◦

6. ● Cousin Max?     ◦

7. ● Onkel Philip?     ◦

8. ● Tante Klara?     ◦

Wen laden wir ein?
Onkel Georg?

## 8 Wer oder wen? Ergänze.

1. _____ triffst du heute in der Schule?

2. _____ kommt morgen zur Party?

3. _____ fährt mit mir nach Berlin?

4. _____ findest du besonders sympathisch?

5. _____ kann mir bei den Hausaufgaben helfen?

6. _____ ist der beste Schüler in der Klasse?

7. _____ rufst du jeden Tag an?

8. _____ lädst du zum Geburtstag ein?

## B 9 Mit wem? Ergänze und antworte wie im Beispiel.

mit deinen Freunden · mit der Oma · mit Maja · mit deinen Eltern · mit dem Englischlehrer ·
mit deiner Schwester · mit dem Schuldirektor

1. ● Mit wem gehst du zur Schule? *Mit Tobias?*  ● Ja, *mit ihm.*

2. ● Mit wem spielst du Fußball? _____  ● Ja, _____

3. ● Mit wem siehst du fern? _____  ● Ja, _____

4. ● Mit wem machst du Hausaufgaben? _____  ● Ja, _____

5. ● Mit wem gehst du ins Kino? _____  ● Ja, _____

6. ● Mit wem sprichst du? _____  ● Ja, _____

7. ● Mit wem teilst du dein Zimmer? _____  ● Ja, _____

8. ● Mit wem fährst du nach London? _____  ● Ja, _____

## 10 Bilde Fragen und stell sie deinem Partner / deiner Partnerin.

Mit wem _____ ?

Mit wem _____ ?

Mit wem _____ ?

Mit wem _____ ?

Mit wem _____ ?

## 11 Antworte.

1. Kommst du mit mir ins Kino?

2. Gehst du heute zu Martina?

3. Kommst du mit uns?

4. Gehst du zu Professor Schulz?

5. Geht ihr zu euren Freunden?

6. Gehst du morgen zur Oma?

7. Fährst du mit Max nach Berlin?

1. Ja,

2. Ja, *ich gehe heute zu ihr.*

3. Nein,

4. Ja,

5. Ja,

6. Nein,

7. Ja,

## 12 *Wer*, *wen* oder *wem*? Ergänze und antworte frei.

1. ____ findest du unsympathisch?

2. Mit ____ gehst du heute ins Kino?

3. ____ kommt heute Abend mit ins Kino?

4. ____ gehört das Fahrrad?

5. ____ triffst du heute im Jugendzentrum?

6. ____ lädst du zur Party ein?

7. ____ fährt morgen nach Berlin?

8. Mit ____ lernst du Deutsch?

9. ____ möchte Fußballspieler werden?

10. Zu ____ gehst du heute Nachmittag?

## 13 Wie lautet die Frage?

1. Ich zeige **meinen Freunden** die Stadt.

*Wem zeigst du die Stadt?*

2. Ich rufe **Onkel Georg** an.

3. Lena geht **mit Tobias** ins Kino.

4. Ich kaufe ein Geschenk **für die Oma**.

*Für*

5. **Mein Bruder** fliegt nach New York.

6. Ich schenke **meiner Mutter** Blumen.

7. Ich gehe **zu Doktor Bauer**.

*Zu*

8. **Herr Schulz** ist der neue Direktor.

## 14 Das Verb *geben*. Ergänze die Tabelle.

| | geben | | |
|---|---|---|---|
| ich | | wir | |
| du | | ihr | *gebt* |
| er, sie, es | *gibt* | sie, Sie | |

Ich gebe Sebastian meine neue Handynummer.

## 15 Das Verb *geben*. Ergänze die Formen.

1. _____ du mir dein Buch, bitte?

2. Ich _____ meiner Schwester 10 Euro.

3. Frau Beller, _____ Sie mir bitte die Telefonnummer von der Firma Apag!

4. Was _____ ihr eurem Lehrer?

5. Wir _____ ihm unsere Hausaufgaben.

6. Max _____ mir sein Handy.

7. Die Schüler _____ dem Lehrer die Klassenarbeiten.

8. Der Lehrer _____ die Klassenarbeiten zurück.

## 16 Übt zu zweit wie im Beispiel.

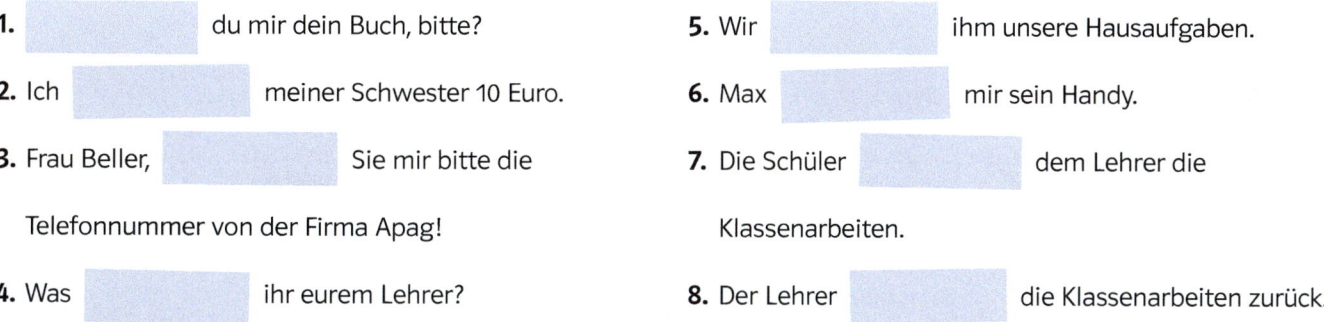

Jens und Julia | Timo | Tante Monika | Lena | Opa | Julian

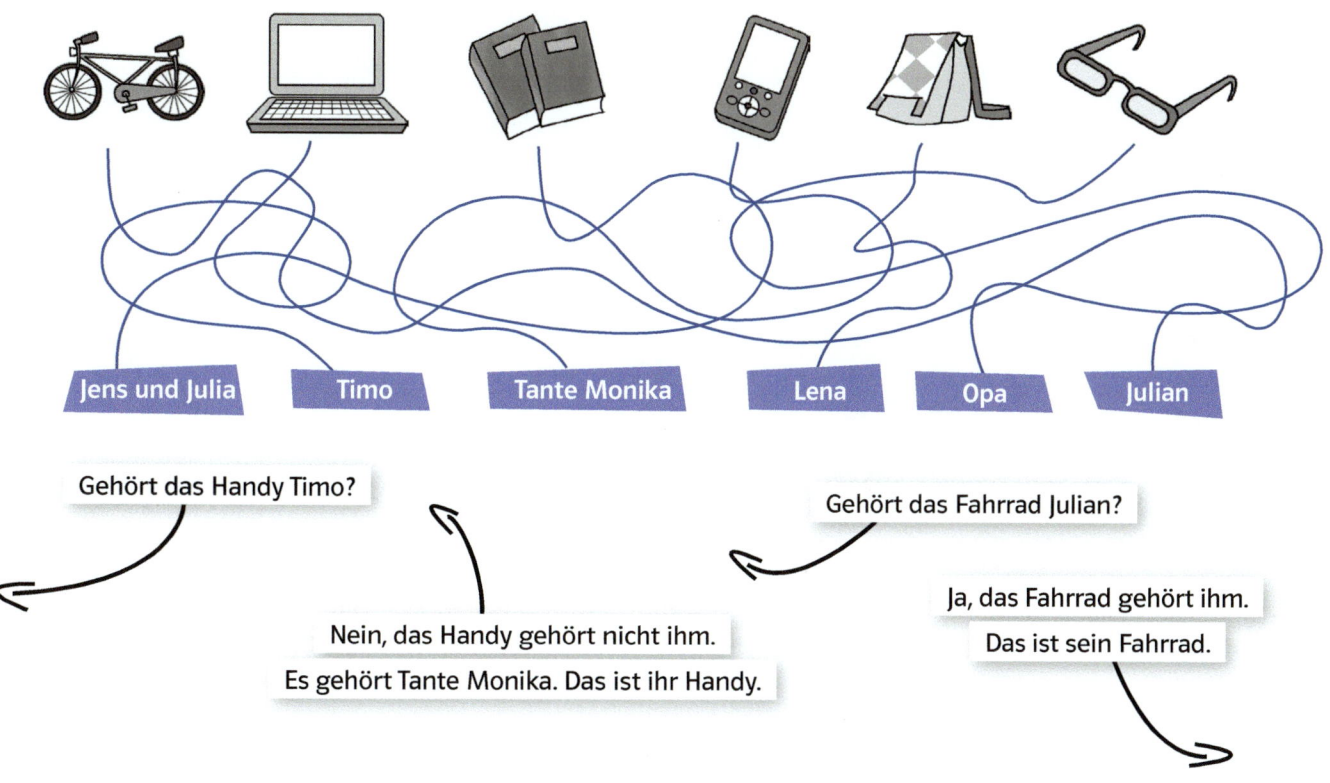

Gehört das Handy Timo?

Nein, das Handy gehört nicht ihm. Es gehört Tante Monika. Das ist ihr Handy.

Gehört das Fahrrad Julian?

Ja, das Fahrrad gehört ihm. Das ist sein Fahrrad.

## 17 Ergänze: *ihm* oder *ihn*.

**1.** Lädst du _____ zur Party ein?

**2.** Gehst du mit _____ aus?

**3.** Tobias ist krank. Wie geht's _____ ?

**4.** Ich schreibe _____ eine E-Mail

oder ich schicke _____ eine SMS.

**5.** Opa hat morgen Geburtstag. Was schenkst du _____ ?

**6.** Wann rufst du _____ an?

**7.** Onkel Georg wohnt in Berlin. Wir wollen _____ am

Wochenende besuchen.

**8.** Wo ist mein Kuli? Ich kann _____ nicht finden.

## 18 Ergänze: *ihr* oder *sie*.

**1.** Das ist Ritas Deutschbuch. Das Deutschbuch gehört _____

**2.** Rita lacht viel. _____ geht es sehr gut.

**3.** Rita gefällt mir sehr. Ich möchte mit _____ ausgehen.

**4.** Rita braucht Taschengeld. Ihr Vater gibt _____ 10 Euro.

**5.** Ich treffe Rita in der Stadt und grüße _____ herzlich.

**6.** Rita hat Geburtstag. Ich schenke _____ Blumen.

**7.** Ritas Handy ist kaputt. Ich kann _____ nicht anrufen.

**8.** Rita hat ein Problem. Ich spreche mit _____

Hallo! Ich bin Rita!
Mir geht es sehr gut!

## 19 Ergänze: *ihnen* oder *sie*.

**1.** Meine Großeltern kommen nicht. Es geht _____ nicht so gut.

**2.** Die Kinder hören gern Geschichten. Die Mutter liest _____ ein Märchen vor.

**3.** Melanie und Olga brauchen Hilfe. Ich helfe _____ gern.

**4.** Meine Hunde sind krank. Ich gehe mit _____ zum Tierarzt.

**5.** Ben und Max sind noch nicht zu Hause. Ich rufe _____ an.

**6.** Julia und Hanna sind im Garten. Siehst du _____ ?

**7.** Meine Brüder wollen spielen. Ich gehe mit _____ auf den Spielplatz.

## C 20 Bilde Sätze wie im Beispiel.

1. Reste der Mauer sehen / ins Mauermuseum gehen

   *Wenn man Reste der Mauer sehen will, muss man ins Mauermuseum gehen.*

2. Souvenirs kaufen / ins Berlin-Tourismuszentrum gehen

3. Bilder des Expressionismus sehen / in die Neue Nationalgalerie gehen

4. shoppen / ins KaDeWe gehen

5. exotische Tiere sehen / in den Berliner Zoo gehen

6. Berlin von oben sehen / auf den Fernsehturm steigen

7. Hertha Berlin spielen sehen / ins Olympia-Stadion gehen

## 21 Wo kann man das sehen? Ordne zu und bilde Sätze wie im Beispiel.

| das Brandenburger Tor | der Stephansdom | die Tower Bridge | die Freiheitsstatue |

1 Berlin — *Wenn man das Brandenburger Tor sehen will, muss man nach Berlin fahren.*

New York

Wien

London

## 22 Ergänze und bilde dann Sätze wie im Beispiel.

1. Ich brauche Brot. Ich gehe *in die Bäckerei.*

*Wenn ich Brot brauche, gehe ich in die Bäckerei.*

2. Ich brauche Obst. Ich gehe

3. Ich brauche Lebensmittel. Ich gehe

4. Ich brauche Klamotten. Ich gehe

5. Ich brauche Schuhe. Ich gehe

6. Ich brauche Medikamente. Ich gehe

7. Ich brauche Blumen. Ich gehe

8. Ich brauche Informationen. Ich gehe

der Blumenladen
der Supermarkt
der Bioladen
das Schuhgeschäft
die Apotheke
das Modegeschäft
das Tourismusbüro
die Bäckerei

## 23 Richtig (R) oder falsch (F)? Hör zu und kreuze an. > HÖREN ▶ 3

| | R | F |
|---|---|---|
| 1. Sebastian ist in Berlin geboren. | | |
| 2. Als Sebastian geboren wurde, war Berlin noch geteilt. | | |
| 3. Sebastian war noch nie im Mauermuseum. | | |
| 4. Sebastian wohnt im westlichen Teil der Stadt. | | |
| 5. Die Eltern von Sebastian kommen beide aus Berlin. | | |
| 6. Sebastian ist mit dem Leben in Berlin zufrieden. | | |
| 7. Sebastian gefällt, dass Berlin multikulturell ist. | | |
| 8. Für Sebastian ist das Brandenburger Tor das Wahrzeichen Berlins. | | |
| 9. Sebastian möchte später in Frankfurt studieren. | | |

# Wörtertraining

**1** Welche Wörter passen? Ergänze den Wortigel.

**die Klassenreise**

Wer hat die meisten
Wörter notiert?

**2** Was sagen sie? Wie heißt das in deiner Muttersprache?

Heute geht es los!

Viel Spaß in Berlin!

Viele Grüße!

Vielleicht klappt es
mit dem Treffen?

Berlin lohnt sich für
einen Besuch!

Fabian

Julia

Mesut

Hanna

**3** Eine SMS aus Berlin.

Du bist in Berlin und machst eine Klassenreise.
Du schreibst eine SMS an deine Freundin.
Grüße sie und schreib, was du in Berlin machst
und was dir besonders gefällt.

Hi,

07:47 ✓✓

# Lektion 13 — LETZTE WOCHE, VORGESTERN, GESTERN

## A 1 Was passt zusammen? Ordne zu.

| | | | |
|---|---|---|---|
| **1.** | eine Fünf in Mathe | **a.** | sagen |
| **2.** | Nudeln mit Tomatensoße | **b.** | bekommen |
| **3.** | den Bus | **c.** | verpassen |
| **4.** | Ordnung in der Wohnung | **d.** | fahren |
| **5.** | die Oma | **e.** | kochen |
| **6.** | „Tschüs" | **f.** | trinken |
| **7.** | nach Hause | **g.** | besuchen |
| **8.** | zusammen Tee | **h.** | erzählen |
| **9.** | viel von der Schule | **i.** | machen |

## 2 Welches Partizip passt? Ergänze die Sätze.

geputzt · gegessen · erzählt · besucht · schiefgegangen · gefreut · gefahren · gehabt

1. Ich bin gestern nach Berlin

2. Was hast du zum Frühstück                    ?

3. Oma hat sich über die Blumen

4. Ich habe einen schwarzen Tag

5. Alles ist

6. Ich habe meiner Mutter alles

7. Timo hat die Oma im Krankenhaus

8. Hast du gestern die Wohnung                    ?

## 3 Was gehört wohin? Wie lautet das Partizip Perfekt?

verlieren · bekommen · ankommen · mitbringen · besuchen · erzählen · fernsehen · zurückfahren · verpassen · aufräumen

| trennbare Verben | untrennbare Verben |
|---|---|
| *ankommen ▸ angekommen* | *bekommen ▸ bekommen* |
| | |

## 4 Was gehört wohin? Wie lautet der Infinitiv?

gekauft · begonnen · angerufen · aufgemacht · besucht · getrunken · gegeben · gefeiert · informiert · verloren · gelernt · geblieben

| regelmäßige Verben | unregelmäßige Verben |
|---|---|
| *gekauft ▸ kaufen* | *getrunken ▸ trinken* |
| | |

## 5 Bilde Sätze.

**1.** von der Schule / schnell / bin / zurückgekommen / ich

**2.** nach der Schule / Handball / hat / Florian / gespielt

**3.** ins Krankenhaus / Elena / gefahren / gestern / ist

**4.** habe / am Abend / ich / ferngesehen / bis 23.00 Uhr

**5.** zusammen / zu Mittag / wir / gegessen / haben

**6.** zum Training / um 17.00 Uhr / gegangen / bin / ich

**7.** angerufen / Elena / ihre Freundin / hat

## 6 Die Mutter stellt viele Fragen. Max antwortet.

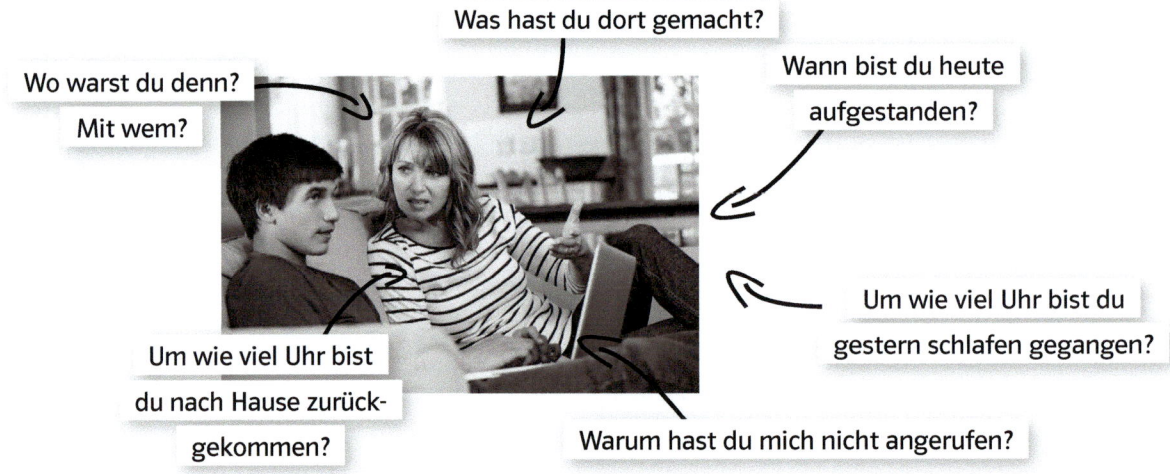

Wo warst du denn?

Mit wem?

Was hast du dort gemacht?

Wann bist du heute aufgestanden?

Um wie viel Uhr bist du gestern schlafen gegangen?

Um wie viel Uhr bist du nach Hause zurückgekommen?

Warum hast du mich nicht angerufen?

*Ich bin um 11.00 Uhr aufgestanden.*

## 7 Antworte wie im Beispiel.

1. ● Wann machst du deine Hausaufgaben?    ● *Ich habe sie schon gemacht!*

2. ● Wann putzt du die Wohnung?    ●

3. ● Wann besuchst du Tante Agathe?    ●

4. ● Wann isst du den Apfelstrudel?    ●

5. ● Wann trinkst du den Orangensaft?    ●

6. ● Wann lernst du die neue Lektion?    ●

## 8 Antworte frei.

Was hast du im Fernsehen gesehen? Einen Film?

Was hast du zu Abend gegessen?

Wie lange hast du gestern für die Schule gelernt?

Was hast du letztens gekauft?

Wann bist du mit deinen Freunden ins Kino gegangen?

**9** Was ist richtig: a, b oder c? Hör zu und kreuze an. > HÖREN ▶ 4

### Interview mit Sebastian

**1.** Wohin ist Sebastian am Samstag gegangen?

**a.** ☐ Ins Jugendzentrum.

**b.** ☐ Ins Krankenhaus.

**c.** ☐ Ins Gebirge.

**2.** Warum?

**a.** ☐ Das Wetter war sehr schön.

**b.** ☐ Er wollte seine Freunde treffen.

**c.** ☐ Seine Oma war krank.

**3.** Was hat Sebastian am Sonntag gemacht?

**a.** ☐ Er ist zu Hause geblieben und hat intensiv gelernt.

**b.** ☐ Er hat eine Wanderung mit seinen Freunden gemacht.

**c.** ☐ Er hat den ganzen Nachmittag ferngesehen.

### Interview mit Melanie

**4.** Was hat Melanie am Samstagnachmittag gemacht?

**a.** ☐ Sie hat für die Schule gelernt.

**b.** ☐ Sie ist mit ihren Eltern weggefahren.

**c.** ☐ Sie ist zu Hause geblieben und hat ferngesehen.

**5.** Wie lange hat sie am Sonntag geschlafen?

**a.** ☐ Bis Mittag.

**b.** ☐ Bis 13.00 Uhr.

**c.** ☐ Bis 15.00 Uhr.

**6.** Was hat sie am Sonntagnachmittag gemacht?

**a.** ☐ Sie hat Nudeln gekocht.

**b.** ☐ Sie ist mit ihrem Hund spazieren gegangen.

**c.** ☐ Sie ist mit ihren Eltern weggegangen.

**10** Und was hast du am Wochenende gemacht? Erzähle.

# B 11 Verben auf -ieren. Bilde Sätze.

1. das Tablet reparieren     Ich    *habe gestern das Tablet repariert.*

2. über die Klassenreise diskutieren     Wir

3. mit Jens telefonieren     Ich

4. die Aufgaben korrigieren     Markus

5. die Party organisieren     Tina

6. die Eltern informieren     Julia

## 12 Perfekt: sein oder haben? Ergänze.

1. Ich      gestern Abend weggegangen.

2. Er      eine gute Note bekommen.

3. Wir      ein Fest organisiert.

4. Er      bis 18.00 Uhr im Büro geblieben.

5. Wir      eine Wanderung gemacht.

6.      du ins Gebirge gefahren?

7. Wie lange      du gelernt?

8. Wann      du nach Hause zurückgekommen?

## 13 Schreib die Sätze im Perfekt.

1. Ich fahre nach Berlin.

2. Ich mache eine Fahrradtour.

3. Ich bringe meine Bücher mit.

4. Ich rufe meine Freundin an.

5. Ich koche Spaghetti.

6. Ich liege den ganzen Tag im Bett.

7. Ich bleibe heute zu Hause.

8. Ich mache Ordnung in meinem Zimmer.

9. Ich gehe in die Turnhalle.

10. Ich treffe Sonja in der Schule.

**14** Was hat Olga gemacht? Beschreibe ihren Freitag.

| | |
|---|---|
| 7.00 Uhr | aufstehen |
| 7.10 Uhr | ins Bad gehen, duschen |
| 7.30 Uhr | sich anziehen, frühstücken |
| 7.45 Uhr | zur Schule fahren |
| 8.00–13.10 Uhr | in der Schule bleiben |
| 13.15 Uhr | nach Hause zurückfahren |
| 13.30 Uhr | zu Hause ankommen, zu Mittag essen |
| 14.00–16.30 Uhr | fernsehen, Musik hören, bloggen, lernen |
| 17.00 Uhr | Karin anrufen |
| 17.15 Uhr | in die Turnhalle gehen, Karin treffen |
| 19.00 Uhr | zu Abend essen |
| 20.00–22.00 Uhr | Freunde auf Facebook treffen |
| 22.00 Uhr | schlafen gehen |

**15** Stell Fragen und antworte.

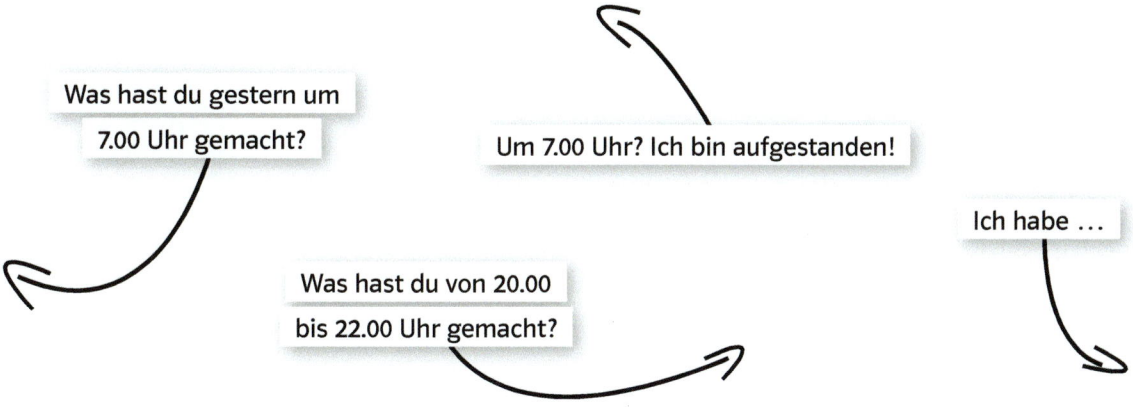

Was hast du gestern um 7.00 Uhr gemacht?

Um 7.00 Uhr? Ich bin aufgestanden!

Ich habe …

Was hast du von 20.00 bis 22.00 Uhr gemacht?

## 16 Bilde Sätze wie im Beispiel.

**1.** Stefan • lernen

*Stefan hat gelernt.*

gestern

*Stefan hat gestern gelernt.*

Mathe

*Stefan hat gestern Mathe gelernt.*

**2.** Anna • tanzen

gestern Abend

in der Disco

**3.** ich • bleiben

den ganzen Nachmittag

zu Hause

**4.** Petra • fernsehen

am Nachmittag

zwei Stunden

**5.** ich • anrufen

um 17.00 Uhr

meine Freundin

## 17 Was haben diese Personen gemacht? Verbinde und schreib Sätze.

Ludwig van Beethoven
Christoph Kolumbus
Gustave Eiffel
Leonardo da Vinci
Mutter Theresa
Prinz William

den Armen helfen
den berühmten Turm bauen
2011 Kate Middleton heiraten
neun Symphonien komponieren
1492 Amerika entdecken
die „Mona Lisa" malen

**Ich habe neun Symphonien komponiert!**

*Ludwig van Beethoven hat ...*

## C 18 Ergänze den Text über den Urlaub von Mesut.

Mesut _____ letztes Jahr einen tollen Urlaub gemacht: Er _____ in einem internationalen

Feriencamp in Tirol. Es _____ 16 Leute, Jungs und Mädchen aus verschiedenen Ländern. Deswegen haben

alle Englisch _____ . Sie _____ eine Woche da geblieben. Sie haben in einer Hütte in den

Bergen _____ . Sie _____ schöne Wanderungen und tolle Fahrradtouren gemacht. Sie

_____ auch geklettert. Das Wetter _____ sehr schön und sie haben in einem kleinen Bergsee

_____ . Am Abend haben Klaus und Bettina Grillpartys _____ . Nach dem Essen haben sie

am Lagerfeuer _____ . Laura, ein Mädchen aus Rom, _____ ihre Gitarre dabei und alle haben

_____ .

## 19 Präteritum von *haben* und *sein*. Ergänze die Tabelle.

|  | sein | haben |
|---|---|---|
| ich | war |  |
| du |  |  |
| er, sie, es |  | hatte |
| wir |  |  |
| ihr |  | hattet |
| sie, Sie | waren |  |

## 20 Jetzt und früher ... Ergänze wie im Beispiel.

**1.** Jetzt hat der Opa wenig zu tun.     Früher *hatte er viel zu tun.*

**2.** Jetzt hat Martina keine Freunde.     Früher

**3.** Heute bin ich in Berlin.     Gestern

**4.** Heute sind wir zu Hause.     Gestern

**5.** Heute ist Peter in der Schule.     Gestern

**6.** Jetzt hast du keine Probleme mehr.     Früher

**7.** Jetzt bin ich müde.     Gestern

## 21 Schreib eine E-Mail.

Du bist gerade von einer „Weißen Woche" in Kitzbühel (Tirol)
zurückgekommen und schreibst eine E-Mail an deinen Freund.
Sammle den Wortschatz und geh auf folgende Punkte ein:

**A.** Wann bist du zurückgekommen?
**B.** Wo hast du gewohnt? (In einem Hotel? In einer Pension?
In einer Ferienwohnung?)
**C.** Mit wem warst du dort?
**D.** Wie lange warst du dort?
**E.** Wie war das Wetter?
**F.** Was hast du gemacht? (Ski fahren, einen Skikurs besuchen, rodeln …)

**Von:**

Liebe(r) …

Ich bin vorgestern von Kitzbühel zurückgekommen.

Mein Wortschatz

Viele liebe Grüße

**22** Wann? Was passt? Ordne zu.

letzten Winter · letztes Jahr · vor zwei Wochen · vorgestern · letzte Woche · vor drei Jahren · gestern ·
vor zwei Monaten · letzten Monat · vor drei Tagen · vor zehn Tagen

| 2016 **17.** Mai | 2016 **16.** Mai | 2016 **15.** Mai | 2016 **14.** Mai | 2016 **10.** Mai | 2016 **7.** Mai |
|---|---|---|---|---|---|
| *heute* | | | | | |
| | | | | | |

| 2016 **3.** Mai | 2016 **17.** April | 2016 **17.** März | 2015 **22.** Dezember | 2015 **17.** Mai | 2013 **17.** Mai |
|---|---|---|---|---|---|
| | | | | | |
| | | | | | |

**23** Antworte frei.

1. ● Wann hast du Peter gesehen? Gestern?        ● Nein, nicht gestern, sondern

2. ● Wann bist du angekommen? Letzte Woche?        ● Nein, nicht letzte Woche, sondern

3. ● Wann hast du Mia getroffen? Vor zehn Tagen?        ● Nein, nicht vor zehn Tagen, sondern

4. ● Wann warst du in Berlin? Letzten Monat?        ●

5. ● Wann hast du Spanisch gelernt? Letztes Jahr?        ●

6. ● Wann hast du die Oma angerufen? Vor zwei Tagen?        ●

7. ● Wann warst du in Kitzbühel? Letzten Sommer?        ●

8. ● Wann warst du in Italien? Letzten Winter?        ●

## 24 Martina erzählt.

am Morgen zum Bahnhof gehen · die Fahrkarte kaufen · in den Zug einsteigen · der Schaffner, kommen · die Fahrkarten kontrollieren · Hunger haben · ins Bordrestaurant gehen · eine Bratwurst essen · eine Cola trinken · ins Abteil zurückkommen · das Handy im Bordrestaurant vergessen · sofort zurückgehen · das Handy wiederfinden

Gestern bin ich am Morgen zum Bahnhof gegangen. Dort

Dann

Nach zehn Minuten                          und

Gegen 12.00 Uhr                            und

Dort                                       und

Dann

Ich                                        und

Zum Glück

## 25 Schreib den Text im Perfekt.

Ich komme nach Hause zurück. Niemand ist da. Ich schalte den Fernseher ein und sehe fern. Dann rufe ich meine Freundin Karin an. Wir sprechen lange am Telefon. Dann habe ich Hunger, ich gehe in die Küche, mache den Kühlschrank auf und mache mir ein Käsebrot und esse einen Joghurt. Um 17.00 Uhr kommt meine Mutter von der Arbeit zurück. Ich erzähle ihr von der Schule und und sie fragt mich in Geschichte ab. Ich antworte auf alle Fragen. Geschichte ist mein Lieblingsfach! Dann bereite ich mit meinem Bruder das Abendessen zu. Nach dem Essen gehe ich noch zu Tina und bleibe bis 21.00 Uhr bei ihr.

# Wörtertraining

**1** Was passt? Ergänze und bilde Sätze im Perfekt.

| | | |
|---|---|---|
| bekommen | *eine gute Note* | *Ich habe gestern eine gute Note bekommen.* |
| verpassen | | |
| verlieren | | |
| sprechen | | |
| treffen | *auf Facebook* | |

**2** Welche Wörter passen? Ergänze den Wortigel.

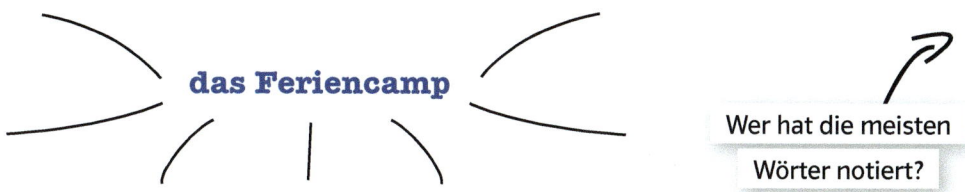

**das Feriencamp**

Wer hat die meisten Wörter notiert?

**3** Formuliert in Paaren Vermutungen.

Fabian, woher hast du die Katze?

Das ist eine lange Geschichte ... Letzte Woche war das Wetter schön und ich habe ...

**4** Präsentiert eure Geschichten in der Klasse.

## A 1 Was sagt Julia? Bilde Sätze.

sich nicht wohl fühlen · der Kopf, wehtun · ins Bett gehen müssen · Fieber haben ·
keinen Appetit haben · Durst haben, etwas trinken wollen

Julia, was ist mit dir los?
Du siehst blass aus.

1.
2.
3.
4.
5.
6.

## 2 Wie heißen die Körperteile in deiner Muttersprache?

| das Ohr | | der Mund | | das Auge | |
|---|---|---|---|---|---|
| der Hals | | der Fuß | | der Bauch | |
| das Bein | | die Hand | | der Rücken | |
| der Arm | | der Zahn | | der Kopf | |
| die Nase | | der Finger | | das Knie | |

## 3  Wie lautet der Plural?

1. ein Bein  zwei 

4. eine Hand  zwei 

7. ein Auge  zwei 

2. ein Arm  zwei 

5. ein Zahn  zwei 

8. ein Ohr  zwei 

3. ein Fuß  zwei 

6. ein Finger  zehn 

9. ein Knie  zwei 

## 4  Was kann man alles machen? Ergänze und bilde Sätze.

tippen 

sprechen 

anfassen 

sehen 

denken  *mit dem Kopf*

hören 

riechen 

Fußball spielen 

*Mit dem Kopf kann man denken.*

## 5  Bilde Fragen und Antworten.

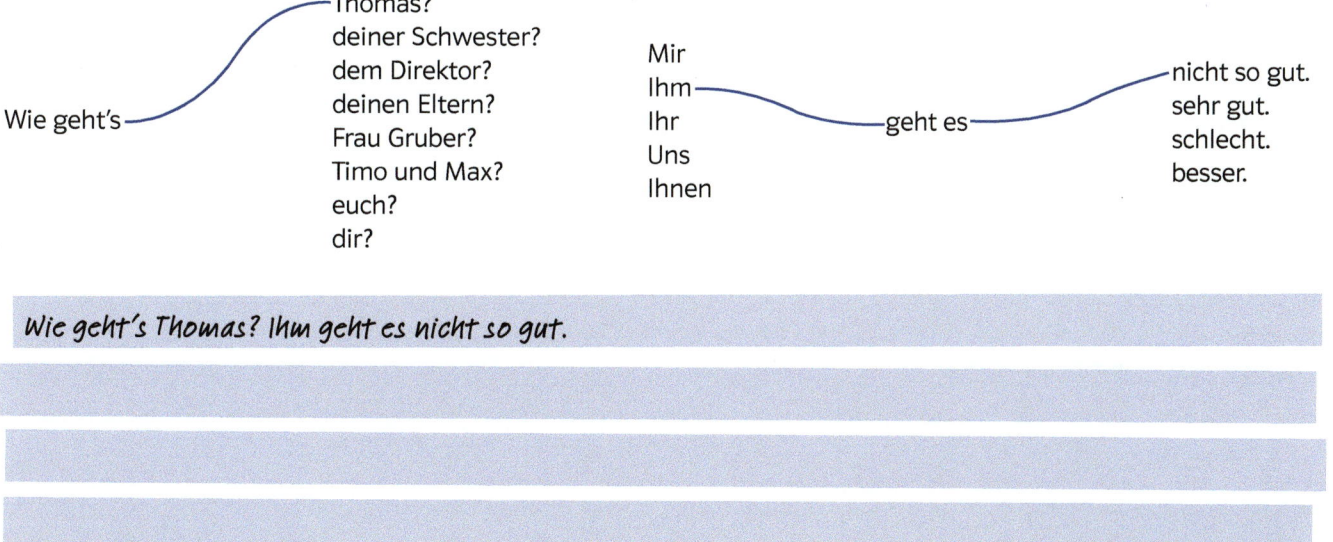

Wie geht's — Thomas? / deiner Schwester? / dem Direktor? / deinen Eltern? / Frau Gruber? / Timo und Max? / euch? / dir?

Mir / Ihm / Ihr / Uns / Ihnen — geht es — nicht so gut. / sehr gut. / schlecht. / besser.

*Wie geht's Thomas? Ihm geht es nicht so gut.*

**6** Ergänze wie im Beispiel.

1. Wie geht's  *dem*  Direktor?  ☺  *Ihm geht es sehr gut.*
2. Wie geht's  _____  Sekretärin?  ☹
3. Wie geht's  _____  Deutschlehrer?  😐
4. Wie geht's  _____  Oma?  ☺
5. Wie geht's  _____  Schülern?  ☹
6. Wie geht's  _____  Opa?  😐

**7** Ergänze wie im Beispiel.

1. ● Wem tut  *der Kopf*  weh? Deiner  *Tante*  ?  ● Ja,  *ihr.*
2. ● Wem tut  _____  weh? Deinem  _____  ?  ● Ja,  _____
3. ● Wem tun  _____  weh? Deinen  _____  ?  ● Ja,  _____
4. ● Wem tut  _____  weh? Deiner  _____  ?  ● Ja,  _____
5. ● Wem tun  _____  weh? Deinen  _____  ?  ● Ja,  _____
6. ● Wem tun  _____  weh? Deinem  _____  ?  ● Ja,  _____

**8** Seit wann? Antworte wie im Beispiel.

1. Seit wann bist du krank?
2. Seit wann hast du Fieber?
3. Seit wann hast du Kopfschmerzen?
4. Seit wann bist du Vegetarier?
5. Seit wann gehst du ins Fitnessstudio?
6. Seit wann kennst du deinen Freund?

Seit — einem / einer / zwei / drei — Woche(n). / Monat(en). / Tag(en). / Jahr(en).

gestern. / vorgestern.

*Ich bin seit einer Woche krank.*

## 9 Warum? Ordne zu und schreib Sätze.

**1.** *d* Warum isst du keine Süßigkeiten?

**2.** ☐ Warum treibst du nicht mehr Sport?

**3.** ☐ Warum gehst du zum Zahnarzt?

**4.** ☐ Warum nimmst du Antibiotika?

**5.** ☐ Warum gehst du zum Augenarzt?

**6.** ☐ Warum gehst du so früh schlafen?

**7.** ☐ Warum nimmst du Aspirin?

**8.** ☐ Warum bleibst du bis Mitternacht auf?

**a.** Ich bin so müde.

**b.** Ich kann nicht gut sehen.

**c.** Ich habe Angina.

**d.** Sie sind ungesund.

**e.** Ich habe Schlafstörungen.

**f.** Ich habe Kopfschmerzen.

**g.** Die Zähne tun mir weh.

**h.** Ich habe keine Lust.

*Ich esse keine Süßigkeiten, weil sie ungesund sind.*

## 10 Verbinde die Sätze mit *wenn*.

**1.** Ich habe Angina. Ich nehme Antibiotika.

*Wenn ich Angina habe, nehme ich Antibiotika.*

**2.** Ich habe Zahnschmerzen. Ich gehe zum Zahnarzt.

**3.** Ich bin krank. Ich gehe nicht zur Schule.

**4.** Ich will Tennis spielen. Ich gehe in den Tennisclub.

**5.** Ich habe Schlafstörungen. Ich trinke einen Kamillentee.

**6.** Ich habe Kopfschmerzen. Ich nehme Aspirin.

Wenn ich Zeit habe, treffe ich meine Freunde auf Facebook.

## 11 Hör zu und kreuze an. > HÖREN ▶ 5

**Situation 1**

**1.** Patrick hat

a. ☐ Kopfschmerzen

b. ☐ Bauchschmerzen.

c. ☐ Zahnschmerzen.

**2.** Er ist krank

a. ☐ seit zwei Tagen.

b. ☐ seit einem Tag.

c. ☐ seit einer Woche.

**3.** Er braucht

a. ☐ Schmerztabletten.

b. ☐ Kamillentee.

c. ☐ Antibiotika.

**Situation 2**

**1.** Martina hat

a. ☐ Grippe.

b. ☐ Husten.

c. ☐ Halsschmerzen.

**2.** Sie ist krank

a. ☐ seit zwei Tagen.

b. ☐ seit gestern.

c. ☐ seit vorgestern.

**3.** Sie nimmt

a. ☐ Halstabletten.

b. ☐ Nasentropfen.

c. ☐ Hustensaft.

**Situation 3**

**1.** Frau Roth hat

a. ☐ Schnupfen.

b. ☐ Ohrenschmerzen.

c. ☐ Zahnschmerzen.

**2.** Sie ist krank

a. ☐ seit zwei Wochen.

b. ☐ seit drei Tagen.

c. ☐ seit einer Woche.

**3.** Sie nimmt

a. ☐ Tabletten.

b. ☐ Nasentropfen.

c. ☐ Antibiotika.

## B 12 Was sagt Melanie? Bilde Sätze.

Ich will abnehmen.
Was soll ich tun?

Nina, iss fünf kleinere
Mahlzeiten am Tag!

**1.** sich gesund ernähren

**2.** keine Süßigkeiten essen

**3.** viel Wasser trinken

**4.** Sport treiben

**5.** joggen gehen

**6.** Rad fahren

**7.** auf Fast Food verzichten

## 13 Welcher Tipp passt? Kreuze an.

**1.** Ich will abnehmen.

**a.** ☐ Schlaf gut!

**b.** ☐ Iss weniger!

**2.** Ich bin krank.

**a.** ☐ Bleib im Bett!

**b.** ☐ Arbeite!

**3.** Ich bin hungrig.

**a.** ☐ Schlaf mehr!

**b.** ☐ Iss Obst!

**4.** Ich habe Probleme mit meinen Eltern.

**a.** ☐ Hör lauter Musik!

**b.** ☐ Sprich mit ihnen!

**5.** Ich habe keine Lust zu lernen.

**a.** ☐ Trink einen Kamillentee!

**b.** ☐ Lerne mit deinen Freunden!

**6.** Ich habe Kopfschmerzen.

**a.** ☐ Nimm Aspirin!

**b.** ☐ Nimm Nasentropfen!

## 14 Das Verb *sollen*. Ergänze.

**1.** ● Ich bin müde. Was _____ ich tun?

● Du _____ schlafen gehen.

**2.** ● Wir haben Angina. Was _____ wir nehmen?

● Ihr _____ Antibiotika nehmen.

**3.** ● Lukas hat Schmerzen im Knie. Was _____ er tun?

● Er _____ eine Woche kein Handball spielen.

**4.** ● Die Oma hat Schnupfen. Was _____ er nehmen?

● Sie _____ Nasentropfen nehmen.

**5.** ● Ich habe Fieber. Was _____ ich tun?

● Du _____ im Bett bleiben.

**6.** ● Es ist heute sehr kalt. Was _____ wir tun?

● Ihr _____ euch warm anziehen.

**7.** ● Ich habe wenig Freizeit. Was soll ich tun?

● Frau Krause, Sie _____ weniger arbeiten.

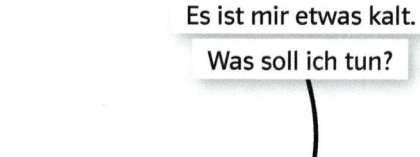

Es ist mir etwas kalt.
Was soll ich tun?

## 15 Wie lauten die Imperativformen?

| | du | ihr | Sie |
|---|---|---|---|
| kaufen | | | *Kaufen Sie!* |
| machen | *Mach!* | | |
| gehen | | *Geht!* | |
| besuchen | | | |
| trinken | | | |
| arbeiten | *Arbeite!* | | |
| antworten | | | *Antworten Sie!* |
| finden | | *Findet!* | |
| fahren | | | |
| schlafen | *Schlaf!* | | |
| nehmen | | *Nehmt!* | |
| essen | | | *Essen Sie!* |
| anrufen | | *Ruft an!* | |
| aufhören | *Hör auf!* | | |
| sein | *Sei!* | *Seid!* | *Seien Sie!* |
| haben | *Hab!* | | |

## 16 Antworte Frau Krause und Annika.

1. Soll ich Aspirin nehmen?

2. Soll ich den Arzt anrufen?

3. Soll ich schlafen gehen?

5. Soll ich mehr Mathe lernen?

4. Soll ich intensiver Sport treiben?

6. Soll ich weniger mit Katja telefonieren?

1. *Ja, nehmen Sie Aspirin, Frau Krause!*

2. 

3. 

4. *Ja, treibe intensiver Sport, Annika!*

5. 

6.

## 17 Forme die Bitten wie im Beispiel um.

**1.** Kannst du bitte das Fenster aufmachen?

*Mach das Fenster auf!*

**2.** Kannst du bitte den Arzt anrufen?

**3.** Kannst du bitte Eva einladen?

**4.** Kannst du bitte langsam sprechen?

**5.** Kannst du bitte um 17.00 Uhr kommen?

**6.** Kannst du bitte um 20.00 Uhr zu Hause sein?

## 18 Bilde Imperativsätze.

Was sagt Herr Schröder, wenn seine Schüler und Schülerinnen …

**1.** im Unterricht essen?

**2.** keine Übungen machen?

**3.** zu laut sind?

**4.** miteinander sprechen?

**5.** mit dem Smartphone spielen?

**6.** den Unterricht stören?

## 19 Gib Tipps! Benutze den Imperativ.

zum Zahnarzt gehen • etwas essen • das Fenster zumachen • schlafen gehen • nach Deutschland fahren • etwas trinken

**1.** Ich habe Durst.

**2.** Wir haben Hunger.

**3.** Ich bin müde.

**4.** Ich will Deutsch lernen.

**5.** Ich habe Zahnschmerzen.

**6.** Wir frieren hier.

## C 20 Reflexivverben. Ergänze die Tabelle.

Ich fühle mich prima! Ich bewege mich sehr viel. Und ich ernähre mich gesund. Und du?

|  | sich fühlen | sich bewegen | sich ernähren |
|---|---|---|---|
| ich |  |  |  |
| du |  |  | ernährst dich |
| er, sie, es |  | bewegt sich |  |
| wir | fühlen uns |  |  |
| ihr | fühlt euch |  |  |
| sie, Sie |  |  |  |

## 21 Was sagt Frau Koch?

1. Ich bin seit vielen Jahren Vegetarierin.

2. Ich esse kein Fleisch.

4. Zu viel Fleisch ist ungesund.

3. Ich ernähre mich von Obst und Gemüse.

5. Sojaprodukte schmecken gut.

6. Ich kaufe Sojaprodukte im Bioladen.

7. Ich mag Käse und Milchprodukte.

8. Ich fühle mich gesund und fit.

Frau Koch sagt, dass

Frau Koch sagt, dass

Frau Koch sagt, dass

Frau Koch sagt, dass

Frau Koch sagt, dass

Frau Koch sagt, dass

Frau Koch sagt, dass

Frau Koch sagt, dass

## 22 Was sagen die Jugendlichen?

Ich esse nur selten Pommes.

Ich esse immer Frühstück zu Hause.

Ich jogge und fahre regelmäßig Rad.

Ich esse keine Süßigkeiten.

Ich gehe zweimal die Woche ins Fitnessstudio.

Susi · Rita · Felix · Anja · Lars

Susi sagt, dass

Rita sagt, dass

Felix sagt, dass

Anja sagt, dass

Lars sagt, dass

## 23 Bilde Sätze mit *dass*.

Ich habe viel für meine Gesundheit gemacht!

**1.** Lara ist jeden Tag Rad gefahren.

Weißt du, dass                                                                ?

**2.** Lara hat auf Fast Food verzichtet.

Weißt du, dass                                                                ?

**3.** Lara hat frisches Gemüse, mageres Fleisch und viel Obst gegessen.

Weißt du, dass                                                                ?

**4.** Lara hat keine Süßigkeiten mehr gegessen.

Weißt du, dass                                                                ?

**5.** Lara hat das Essen in kleinere Portionen verteilt.

Weißt du, dass                                                                ?

**6.** Lara hat mit der Gruppe Sport gemacht.

Weißt du, dass                                                                ?

**24** Schreib die Sätze zu Ende.

1. Hast du gewusst, dass   ?

2. Es tut mir leid, dass

3. Es freut mich sehr, dass

4. Ich bin glücklich, dass

5. Meine Mutter freut sich, dass

6. Mein Freund sagt, dass

7. Wir finden, dass

8. Es ist super, dass

9. Mia schreibt in ihrer SMS, dass

10. Frank hat in seiner E-Mail geschrieben, dass

**25** Wer sagt das? Hör zu und schreib die Namen. > HÖREN ▶ 6

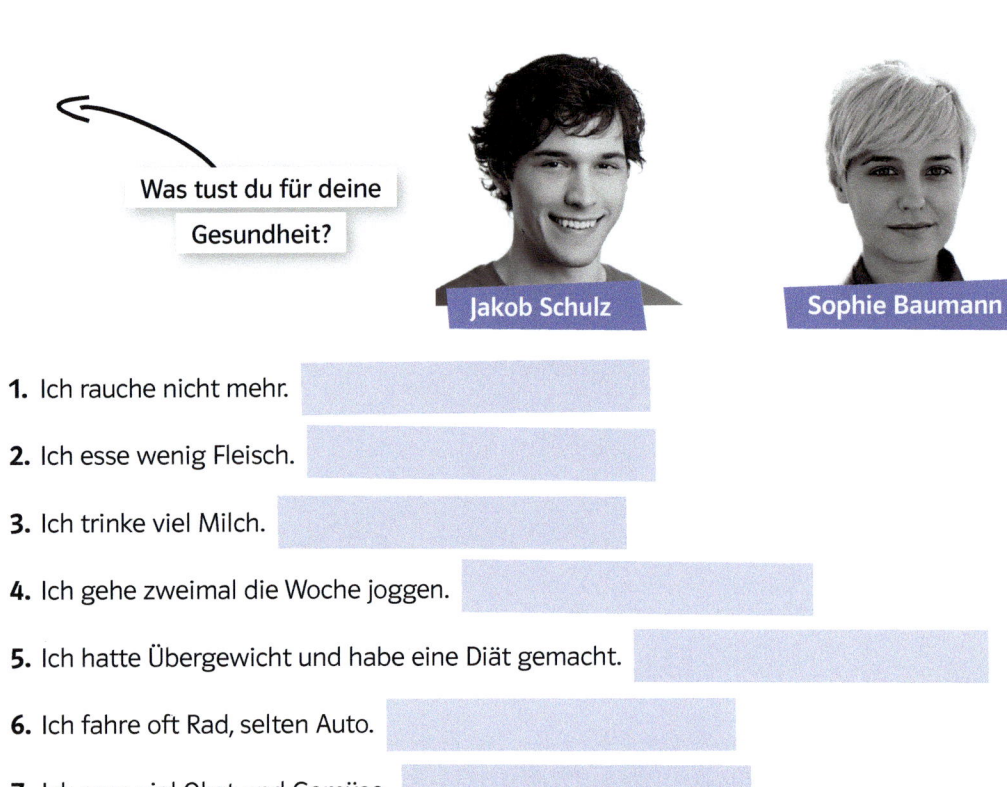

Was tust du für deine Gesundheit?

Jakob Schulz     Sophie Baumann

1. Ich rauche nicht mehr.

2. Ich esse wenig Fleisch.

3. Ich trinke viel Milch.

4. Ich gehe zweimal die Woche joggen.

5. Ich hatte Übergewicht und habe eine Diät gemacht.

6. Ich fahre oft Rad, selten Auto.

7. Ich esse viel Obst und Gemüse.

8. Ich muss leider Überstunden machen.

9. Ich esse kein Fleisch.

# Wörtertraining

## 1 Was passt zusammen?

aussehen • ausmachen • helfen • anrufen • verzichten • holen

| | | | |
|---|---|---|---|
| das Thermometer | | einen Termin | |
| blass | | gegen Kopfschmerzen | |
| den Arzt | | auf Fast Food | |

## 2 Formuliere Tipps.

Drei goldene Tipps, um fit zu sein!

| | |
|---|---|
| **Tipp 1** | |
| **Tipp 2** | |
| **Tipp 3** | |

## 3 Auf welche Fragen antwortet Max?

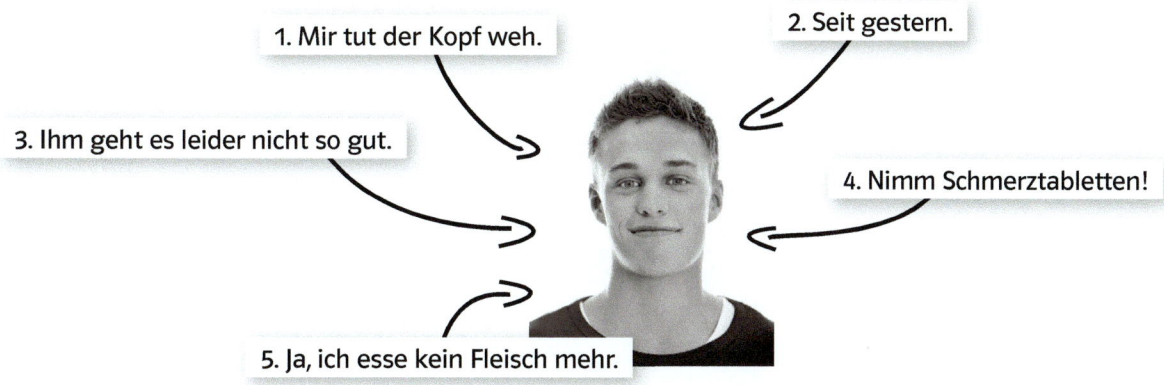

1. Mir tut der Kopf weh.

2. Seit gestern.

3. Ihm geht es leider nicht so gut.

4. Nimm Schmerztabletten!

5. Ja, ich esse kein Fleisch mehr.

**Frage 1:**

**Frage 2:**

**Frage 3:**

**Frage 4:**

**Frage 5:**

# ALLES GUTE ZUM GEBURTSTAG!

**A 1** Ergänze.

am 1. *ersten* Mai

am 2.

am 3. *dritten* Mai

am 4.

am 5.

am 6.

am 7. *siebten* Mai

am 8.

am 9.

am 10.

am 11. *elften* Mai

am 12.

…

am 16.

am 17.

…

am 19.

am 20.

am 21. Mai

…

am 30.

am 31.

**2** Wann haben die Leute Geburtstag? Schreib Sätze.

Thomas 12.9.   Sylvia 28.11.   Patrick 1.8.   Frau Wenger 25.2.   Herr Fischer 3.4.   Frau Meier 19.5.

*Thomas hat am zwölften September Geburtstag.*

**3** Geburtstage bei Familie Beller. Hör zu und ergänze. > HÖREN ▶ 7

|  | Klaus Beller | Leo | Steffi | Hanna Beller |
|---|---|---|---|---|
| Geburtstag |  |  |  |  |
| Alter |  |  |  |  |

**4** Schreib das Datum.

**1.** Ich bin am 1. *ersten*         September geboren.

**2.** Der Opa ist am 7.          März geboren.

**3.** Ich habe am 2.          April Geburtstag.

**4.** Nico hat am 11.          Mai Namenstag.

**5.** Am 25.          Dezember feiert man Weihnachten.

**6.** Am 3.          Oktober feiern die Deutschen die Wiedervereinigung.

**5** Wann haben deine Verwandten Geburtstag? Antworte.

**1.** Wann hat dein Vater Geburtstag?

**2.** Wann hat deine Mutter Geburtstag?

**3.** Wann haben deine Geschwister Geburtstag?

**4.** Wann hat dein Opa Geburtstag?

**5.** Wann hat deine Oma Geburtstag?

# 6 Wie heißen die Sternzeichen?

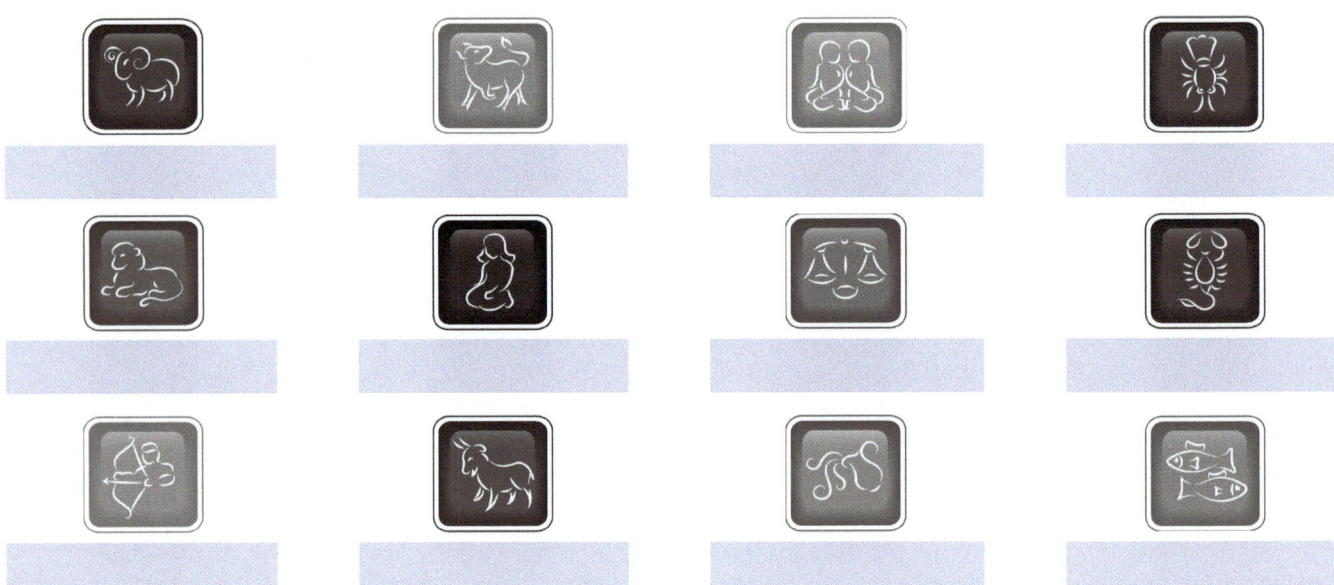

# 7 Das Verb *werden*. Ergänze die Tabelle.

Wie alt wirst du dieses Jahr?

|  | werden |  |  |
|---|---|---|---|
| ich |  | wir |  |
| du |  | ihr | *werdet* |
| er, sie, es | *wird* | sie, Sie |  |

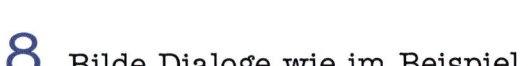

# 8 Bilde Dialoge wie im Beispiel.

**1.** Hanna • 14

● *Wie alt wird Hanna dieses Jahr?*

● *Sie wird dieses Jahr 14.*

**2.** du • 16

●

●

**3.** Rita und Daniel • 18

●

●

**4.** ihr • 15

●

●

**5.** der Deutschlehrer • 49

●

●

**6.** Herr Schmidt • 34

●

●

## 9 Antworte und schreib dann einen kurzen Text.

**1.** Wo feierst du Geburtstag?

  Zu Hause.

  In einem Lokal.

  In einem Fast-Food-Restaurant.

  …

**2.** Was machst du?

  Ich gebe eine Party.

  Ich organisiere Spiele bei mir zu Hause.

  Wir essen, trinken, tanzen und spielen.

  …

**3.** Wen lädst du ein?

  Meine Freunde.

  Meine Klassenkameraden.

  Meine Verwandten.

  …

**4.** Was gibt es zum Essen?

  Pizza und Chips.

  Torten und Kuchen.

  Belegte Brote und Süßigkeiten.

  …

**5.** Wie lange dauert die Fete?

  3 Stunden, von 19.00 Uhr bis 22.00 Uhr.

  Den ganzen Nachmittag.

  Den ganzen Abend.

  …

**6.** Sind die Eltern dabei?

  Ja.

  Nein.

  Nur am Anfang.

  …

*Ich feiere meinen Geburtstag zu Hause.*

## 10 Wichtige Daten. Hör zu und kreuze an. > HÖREN ▶ 8

**1.** Ein wichtiges Datum ist für Janika

**a.** ☐ der 8. Oktober.

**b.** ☐ der 8. September.

**c.** ☐ der 18. Oktober.

**2.** An diesem Tag hat Janika

**a.** ☐ ihren Freund kennengelernt.

**b.** ☐ Stefan geheiratet.

**c.** ☐ ihr eigenes Lokal eröffnet.

**3.** Ein wichtiges Datum ist für Markus

**a.** ☐ der 6. Juni.

**b.** ☐ der 6. Mai.

**c.** ☐ der 16. Mai.

**4.** An diesem Tag

**a.** ☐ ist Markus Profitennisspieler geworden.

**b.** ☐ hat Markus einen berühmten Tennisspieler kennengelernt.

**c.** ☐ hat Markus ein Tennisturnier gewonnen.

**5.** Ein wichtiges Datum ist für Frau Schuster

**a.** ☐ der 2. Oktober.

**b.** ☐ der 12. Oktober.

**c.** ☐ der 20. Oktober.

**6.** An diesem Tag

**a.** ☐ hat der Mann von Frau Schuster Geburtstag.

**b.** ☐ ist der Hund von Frau Schuster gestorben.

**c.** ☐ ist der Sohn von Frau Schuster geboren.

**11** Sammle Informationen über deine Mitschüler und erzähle.

Gibt es ein wichtiges Datum für dich?

Was ist an diesem Tag passiert?

| Name | Datum | Warum? |
|------|-------|--------|
|      |       |        |
|      |       |        |
|      |       |        |

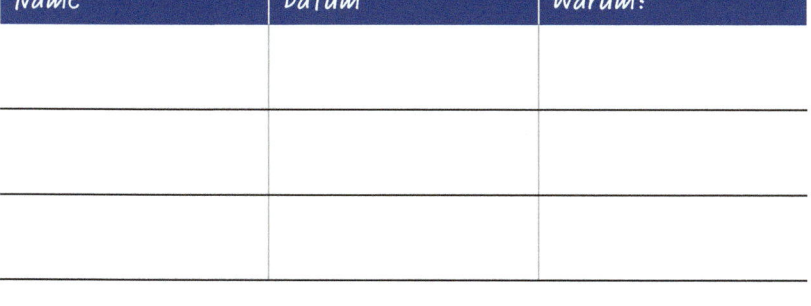

Für Nicole ist der … ein wichtiges Datum, weil …

**12** Ergänze den Dialog.

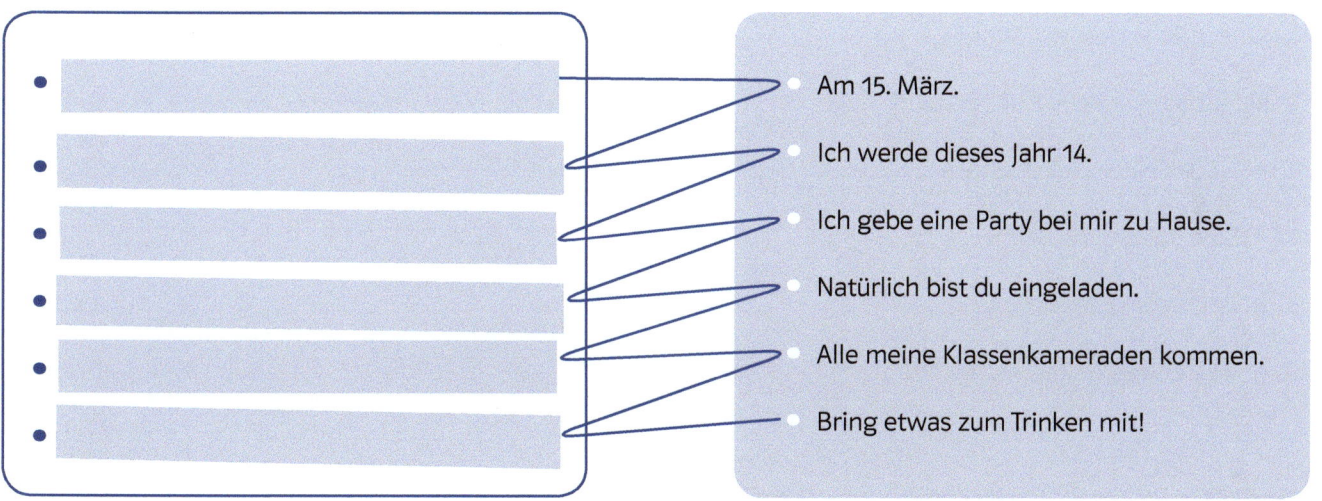

- Am 15. März.
- Ich werde dieses Jahr 14.
- Ich gebe eine Party bei mir zu Hause.
- Natürlich bist du eingeladen.
- Alle meine Klassenkameraden kommen.
- Bring etwas zum Trinken mit!

**13** Spielt in Paaren ähnliche Dialoge.

**B** **14** Ergänze die Sätze.

originell · neu · wertvoll · schön · bunt · schick · modisch · toll

**1.** Das ist eine ▢▢▢ Tasche.

**2.** Hier liegt ein ▢▢▢ Seidenschal.

**3.** Das ist ein ▢▢▢ Kulturzentrum.

**4.** Ein ▢▢▢ Ring ist ein ▢▢▢ Geschenk.

**5.** Eine Überraschungsparty ist eine ▢▢▢ Idee!

**6.** ▢▢▢ Ohrringe gefallen Mutti bestimmt.

**7.** Die Mutter freut sich bestimmt über eine ▢▢▢ Sonnenbrille.

**15** Beantworte die Fragen.

**1.** ● Ist das ein teures Parfüm?　　　● Nein, das ist *ein billiges Parfüm.* (billig)

**2.** ● Ist das eine neue Armbanduhr?　　● Nein, ▢▢▢ (alt)

**3.** ● Ist das eine schöne Kette?　　　● Nein, ▢▢▢ (hässlich)

**4.** ● Sind das frische Blumen?　　　● Nein, ▢▢▢ (künstlich)

**5.** ● Ist das ein billiger Ring?　　　● Nein, ▢▢▢ (wertvoll)

**6.** ● Ist das eine modische Tasche?　● Nein, ▢▢▢ (altmodisch)

**16** Ergänze die Adjektivformen.

**1.** Was schenken wir Vati? Ein ▢▢▢ Buch? (spannend)

**2.** Was bekommt Kira? ▢▢▢ Ohrringe? (originell)

**3.** Was geben wir Mutti? Einen ▢▢▢ Blumenstrauß? (groß)

**4.** Was wünscht sich Onkel Willi? Eine ▢▢▢ Maus? (kabellos)

**5.** Was brauchst du? Einen ▢▢▢ Fahrradhelm? (gut)

**6.** Was schenkt ihr Oma Waltraud? Einen ▢▢▢ Kopfhörer? (praktisch)

## 17 Tipps und Ratschläge. Ordne zu.

1. ___ Ich werde nächste Woche 15.
2. ___ Ich gebe eine Party.
3. ___ Ich komme zu dir.
4. ___ Ich habe Hunger.
5. ___ Ich habe Durst.
6. ___ Ich gehe einkaufen.
7. ___ Ich komme zur Party.

**a.** Iss ein Käsebrot!
**b.** Sei pünktlich!
**c.** Bring deine CDs mit!
**d.** Gib eine Party!
**e.** Lad auch Markus ein!
**f.** Trink ein Glas Saft!
**g.** Kauf Brot und Milch!

## 18 Schreib Minidialoge wie im Beispiel.

Daniel einladen • Martina anrufen • eine Party geben • einen Kuchen backen • Getränke kaufen • Einladungen schicken

• *Soll ich Daniel einladen?*     • *Ja, lad ihn ein!*

•

•

•

•

•

## 19 Sage das anders.

1. Du musst eine Band organisieren.     *Organisiere eine Band!*

2. Du musst viele Leute einladen.

3. Du musst ein Büfett vorbereiten.

4. Du musst den Festsaal dekorieren.

5. Du musst mit den Nachbarn sprechen.

6. Du musst die Einladungen verschicken.

**20** Für wen ist das Geschenk? Antworte.

1. • Für wen ist das Buch? Für Thomas?      • Ja, *für ihn.*

2. • Für wen ist das Parfüm? Für die Oma?      • Nein, *nicht für sie, sondern für Tante Elke.*

3. • Für wen sind die Pralinen? Für Tante Erika?      • Ja,

4. • Für wen ist der Ball? Für Julian?      • Nein,

5. • Für wen sind die Bücher? Für uns?      • Nein,

6. • Für wen ist das neue Tablet? Für mich?      • Ja,

7. • Für wen sind die Blumen? Für Vati und Mutti?      • Nein,

**21** *Wer*, *wen* oder *wem*? Ergänze und antworte frei.

1. _____ hast du angerufen?
2. _____ schreibst du die E-Mail?
3. _____ schenkst du das Parfüm?
4. _____ kommt nicht zur Party?

5. _____ gibst du Ratschläge?
6. _____ möchtest du heute treffen?
7. _____ kommt immer zu spät?
8. _____ zeigst du Fotos?

**22** Wie war die Party? Was sagen sie? Hör zu und kreuze an. > HÖREN ▶ 9

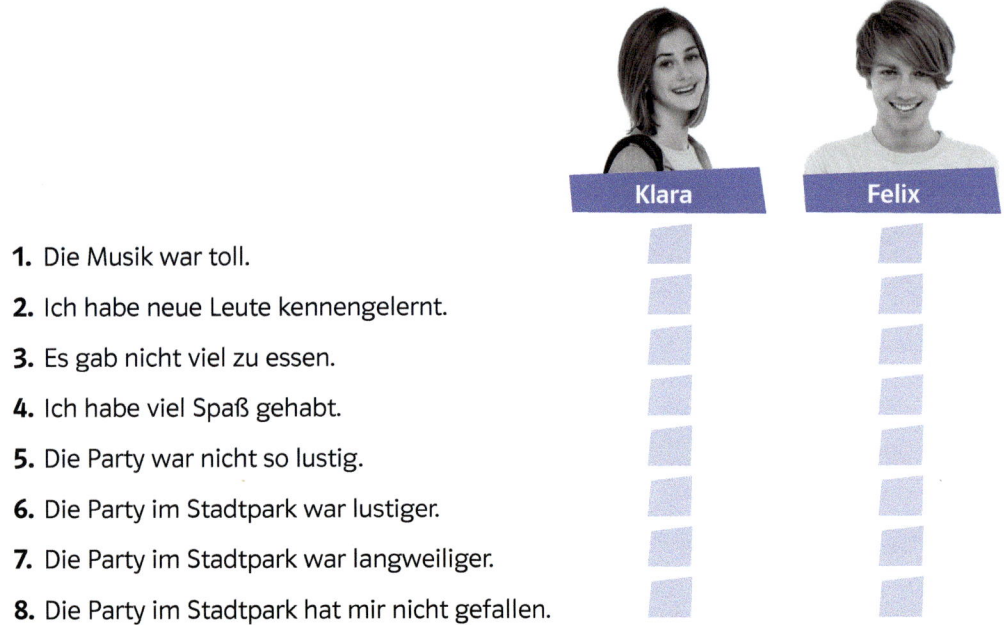

Klara     Felix

1. Die Musik war toll.
2. Ich habe neue Leute kennengelernt.
3. Es gab nicht viel zu essen.
4. Ich habe viel Spaß gehabt.
5. Die Party war nicht so lustig.
6. Die Party im Stadtpark war lustiger.
7. Die Party im Stadtpark war langweiliger.
8. Die Party im Stadtpark hat mir nicht gefallen.

## C 23 Wie lautet die Frage im Perfekt?

1. einladen    Wen *hast du eingeladen?*

2. anrufen    Wen                                         ?

3. kommen    Wer                                         ?

4. feiern    Wie                                         ?

5. trinken    Was                                         ?

6. sprechen    Mit wem                                 ?

7. passieren    Was                                        ?

8. mitbringen    Was                                      ?

## 24 Vorbereitungen für die Geburtstagsparty. Schreib die Sätze im Perfekt.

1. den Festsaal dekorieren

2. Einladungskarten schreiben

3. einkaufen gehen

4. Getränke kaufen

5. das Büfett vorbereiten

6. eine Band engagieren

7. Partyspiele organisieren

Ich habe an alles gedacht!

## 25 Ergänze im Perfekt.

1. Die Party _____ bei mir zu Hause _____ (stattfinden)

2. Die Party _____ um 20.00 Uhr _____ (anfangen)

3. Die Party _____ bis Mitternacht _____ (dauern)

4. Die Gäste _____ sich sehr gut _____ (amüsieren)

5. Die Party _____ _____ (gelingen)

## 26 Antworte wie im Beispiel.

vorgestern • vor drei Tagen • letzte Woche • letzten Monat • letzten Sommer • vor zwei Monaten • gestern

**1.** Wann gibst du die Party?    *Ich habe sie gestern gegeben.*

**2.** Wann findet die Party statt?

**3.** Wann feierst du deinen Geburtstag?

**4.** Wann kommt Peter?

**5.** Wann fährt Peter nach Hause?

**6.** Wann siehst du Peter?

**7.** Wann bekommst du Geschenke?

## 27 Schreib den Text im Perfekt.

Meine Eltern sind nicht zu Hause. Also gebe ich eine Party. Ich rufe meine Freunde an und lade sie alle ein. Am Nachmittag gehe ich in den Supermarkt und kaufe Getränke. Die Party beginnt um 19.00 Uhr. Meine Freunde kommen pünktlich und bringen etwas zum Essen mit. Wir hören Musik, sprechen miteinander und tanzen. Karin sitzt auf dem Sofa und unterhält sich die ganze Zeit mit Patrick. Ich gehe zu ihr und frage sie: „Tanzt du?" Aber sie sagt: „Nein." Nach zehn Minuten steht sie auf und tanzt mit … Patrick!

# Wörtertraining

**1** Geschenkideen. Ergänze wie im Beispiel.

| eine | toll e | überraschungsparty | | groß | |
| | schick | | | lecker | |
| | bunt | | | komisch | |
| | schön | | | rot | |

**2** Schreib die Sätze zu Ende.

Ich habe in zwei Wochen Geburtstag. Ich will in diesem Jahr etwas Besonderes machen!

Ich habe vor,

Ich möchte

Mit meinen Freunden

**3** Rund um den Geburtstag.

Arbeitet in Gruppen. Bildet eigene Wörter mit „Geburtstag" oder sucht welche im Wörterbuch und im Internet. Schreibt sie auf eine Liste. Die Gruppe mit den meisten Wörtern gewinnt.

Geburtstagsparty
Geburtstagskuchen
Geburtstags...

**4** Schreibt in Paaren ein Rezept für die besten Geburtstagswünsche.

5 Löffel Glück in der Schule

250 Gramm Freude

1 Pfund Gesundheit

100 Tropfen Humor

ALLES GUTE

## A 1 Was ist passiert? Bilde Sätze.

| Michael | | eine Party | gebracht. |
| Viele Freunde | | bis ein Uhr nachts | gekommen. |
| Jeder Gast | haben | noch einen Freund | gefeiert. |
| Die Mädchen | hat | Zumba | gegeben. |
| Die Jungs | sind | zur Geburtstagsparty | gesungen. |
| Die Nachbarn | | die Polizei | getanzt. |
| Michael und seine Gäste | | Karaoke | geholt. |

*Michael hat eine Party gegeben.*

## 2 Wo steht / liegt / sitzt Michael?

*Michael liegt unter dem Baum.*

## 3  Lokalisiere die Gegenstände.

**1.** Die Vase ⬜ ⬜ d⬜ Tisch.

**2.** Der Tisch ⬜ d⬜ Sessel und d⬜ Sofa.

**3.** Das Glas ⬜ ⬜ d⬜ Teppich.

**4.** Das Bild ⬜ ⬜ d⬜ Wand.

**5.** Die Lampe ⬜ ⬜ d⬜ Kommode.

**6.** Der Junge ⬜ ⬜ d⬜ Fernseher.

**7.** Der Teppich ⬜ ⬜ d⬜ Tisch.

**8.** Der Fernseher ⬜ ⬜ d⬜ Bücherregal.

**9.** Der Teddybär ⬜ d⬜ Radio.

**10.** Die Tasse ⬜ ⬜ d⬜ Tisch, d⬜ Vase.

## 4  Nominativ und Dativ. Ergänze die Artikel. Dann bilde deine Beispiele.

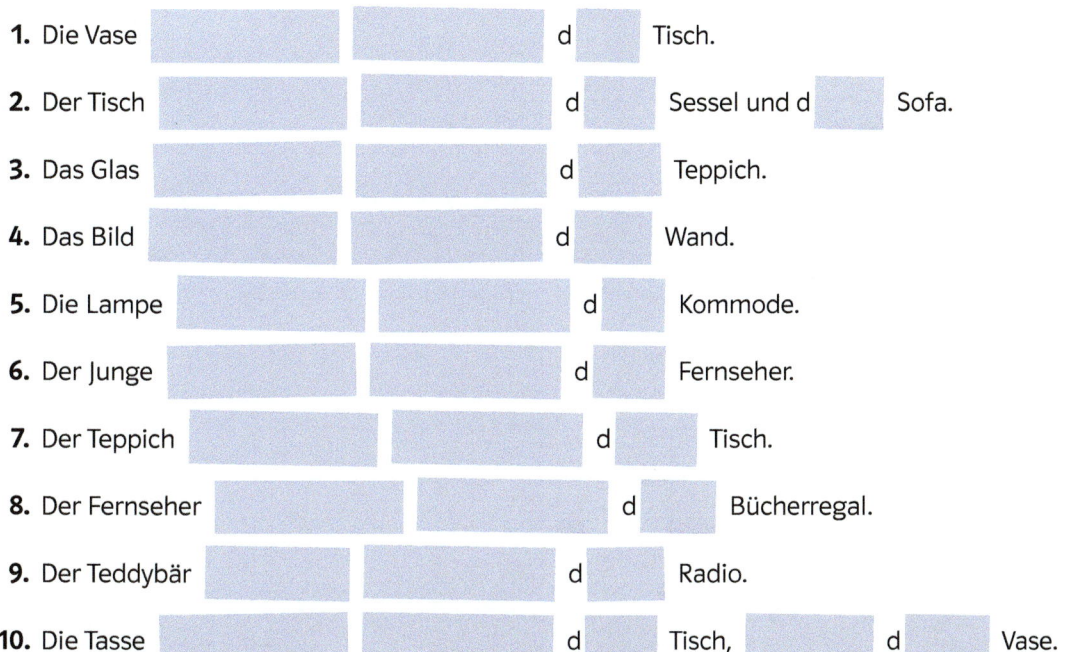

**1.** Auf ⬜ Teppich steht ⬜ Tisch.

Auf ⬜ Tisch steht ⬜ Vase.

In ⬜ Vase steht ⬜ Blume.

Auf ⬜ Blume sitzt ⬜ Biene.

**2.** Auf ⬜ Bank sitzt ⬜ Mann.

Neben ⬜ Mann sitzt ⬜ Hund.

Neben ⬜ Hund sitzt ⬜ Katze.

Neben ⬜ Katze sitzt ⬜ Maus.

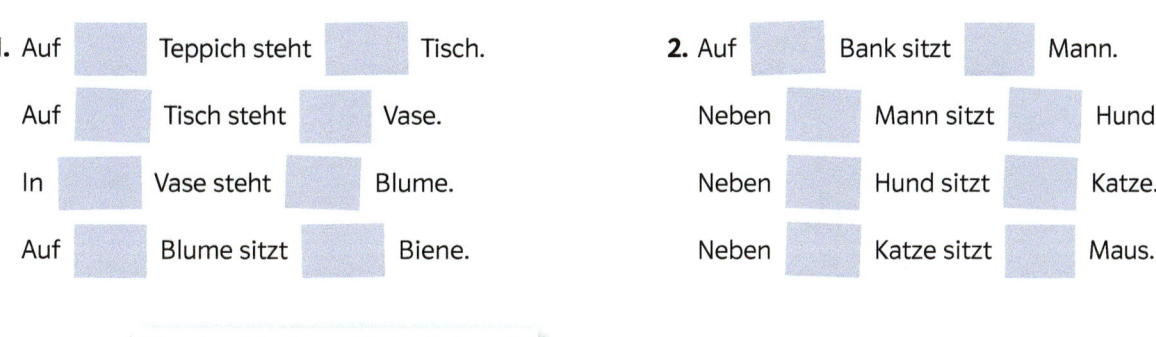

Vor der Schule steht das Fahrrad.

Neben dem Fahrrad liegt …

Auf dem Fußboden liegen …

## 5 Bilde Sätze.

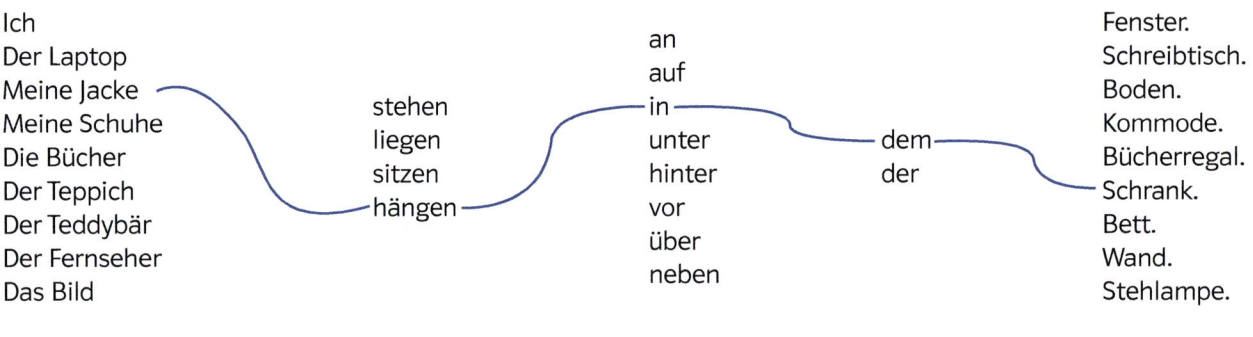

| | | | | |
|---|---|---|---|---|
| Ich | | an | | Fenster. |
| Der Laptop | | auf | | Schreibtisch. |
| Meine Jacke | stehen | in | | Boden. |
| Meine Schuhe | liegen | unter | dem | Kommode. |
| Die Bücher | sitzen | hinter | der | Bücherregal. |
| Der Teppich | hängen | vor | | Schrank. |
| Der Teddybär | | über | | Bett. |
| Der Fernseher | | neben | | Wand. |
| Das Bild | | | | Stehlampe. |

*Meine Jacke hängt im Schrank.*

## 6 Wo ist / sind …? Fragt und antwortet.

Wo ist Michael?

Wo ist das Mikrofon?

Was steht am Fenster?

Michael sitzt …

Am Fenster steht …

7 Richtig (R) oder falsch (F)? Sieh dir das Bild an, hör zu und kreuze an. Dann beschreibe das Bild. > HÖREN ▶ 10

|  | R | F |
|---|---|---|
| Aussage 1 | | |
| Aussage 2 | | |
| Aussage 3 | | |
| Aussage 4 | | |
| Aussage 5 | | |
| Aussage 6 | | |
| Aussage 7 | | |
| Aussage 8 | | |
| Aussage 9 | | |
| Aussage 10 | | |

*Der Hund liegt auf dem Teppich.*

8 Antworte frei.

Wo hängt die Tafel?

Wo ist der Lehrer?

Wo steht der Papierkorb?

Wo hängt die Landkarte?

Wo sitzt deine Freundin?

Wo ist dein Lunchbrot?

Wo ist deine Schultasche?

Wo sind deine Schulsachen?

Wo liegen die Wörterbücher?

**B** 9 *Liegen* oder *legen*? Bilde Sätze.

Der Teppich
Timo
Meine Schwester       liegen
Wir       legen
Meine Mutter

unter dem Bett
ihre Klamotten
auf dem Sofa       in den Schrank.
unsere DVDs       auf das Regal.
das Handy von Max       auf den Schreibtisch.
seine Bücher

10 *Stehen* oder *stellen*? Ergänze.

**1.** Soll ich den Tisch auf die Terrasse _____ ?

**2.** Tina _____ schon seit 20 Minuten unter der Dusche.

**3.** Das Auto _____ in der Garage.

**4.** Ich _____ mein Fahrrad in die Garage.

**5.** Das Sofa _____ neben dem Fenster.

**6.** Max, komm! Das Essen ist fertig und _____ schon auf dem Tisch.

**7.** Wir _____ den neuen Sessel in die Mitte des Zimmers.

11 *Sitzen* oder *setzen*? Ergänze.

**1.** Wo _____ du im Deutschunterricht?

**2.** Unsere Gäste _____ auf dem Sofa und trinken Kaffee.

**3.** Er _____ sich ins Auto und fährt ins Büro.

**4.** Am Abend _____ die ganze Familie vor dem Fernseher.

**5.** Hier ist kein Platz. Ich _____ mich auf den Boden.

**6.** Erika _____ den ganzen Tag zu Hause und tut nichts.

**7.** Wohin _____ wir uns? Auf die Terrasse?

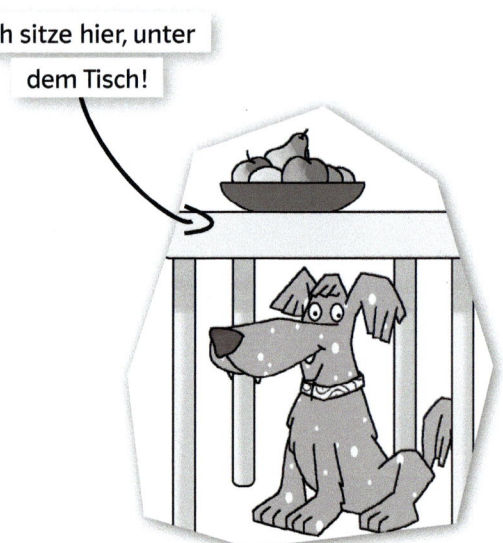

Ich sitze hier, unter dem Tisch!

## 12 *Wo* oder *wohin*? Wie lautet die Frage?

**1.** Das Bild hängt über dem Sofa.

**2.** Timo hängt das Plakat über das Bett.

**3.** In der Galerie hängen schöne Bilder.

**4.** Ich hänge meine Jacke in den Schrank.

## 13 Antworte frei.

**1.** Wohin soll ich den Computer stellen?  *Stell ihn in das Arbeitszimmer!*

**2.** Wohin soll ich das Bett stellen?

**3.** Wohin soll ich den Teppich legen?

**4.** Wohin soll ich das Picasso-Bild hängen?

## 14 Bilde Minidialoge wie im Beispiel.

**1.** die Stehlampe · das Sofa · hinter

Ich habe den Computer mitgebracht.

Und wohin hast du ihn gestellt?

Auf den Schreibtisch.

**2.** der Fernseher · das Regal · in

**4.** der Blumentopf · der Balkon · auf

**3.** die Hi-Fi-Anlage · der Computer · neben

**5.** das Regal · der Keller · in

## 15 Adjektive im Nominativ. Ergänze die Tabelle.

| Singular | | | Plural |
|---|---|---|---|
| der kleine Tisch | die schwarze Katze | das neue Sofa | die bunten Ballons |
| der _____ Rucksack | die _____ Trinkflasche | das _____ Tablet | die _____ Freunde |
| der _____ | die _____ | das _____ | die _____ |

## 16 Adjektivdeklination. Ergänze die Fragen.

**1.** Wem gehört _____? (die Jeans / schwarz)

**2.** Wem gehört _____? (das Glas / klein)

**3.** Wem gehört _____? (der Koffer / groß)

**4.** Wem gehört _____? (die Stehlampe / modern)

**5.** Wem gehören _____? (die Fahrräder / blau)

**6.** Wem gehört _____? (die Mütze / warm)

**7.** Wem gehört _____? (das Papier / bunt)

**8.** Wem gehört _____? (der Hund / schwarz)

## 17 Bilde Sätze.

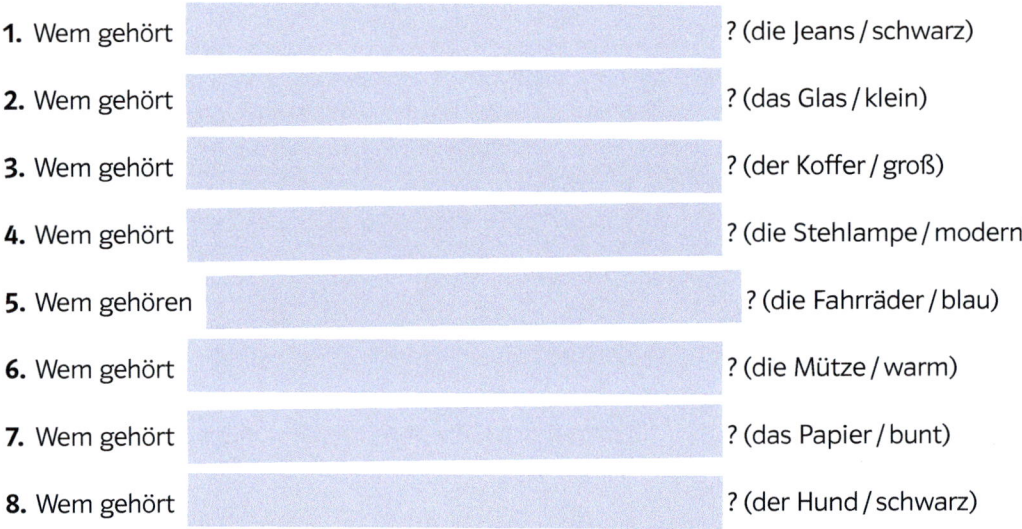

| Michaels Vater | legt<br>hängt<br>stellt | die neuen Zeitungen<br>das reparierte Sofa<br>das schöne Bild<br>den sauberen Teppich<br>die neue Stehlampe | in<br>auf<br>unter<br>an | die Ecke.<br>den Tisch.<br>den Fußboden.<br>die Wand.<br>das Fenster. |

_____

_____

_____

_____

**18** Schreib Fragen zu den Antworten.

1. •                                              • Auf den Fußboden.

2. •                                              • An die Wand.

3. •                                              • In den Waschraum.

4. •                                              • Neben das Fenster.

5. •                                              • In die Garderobe.

6. •                                              • Auf das Regal.

7. •                                              • Unter den Fernseher.

8. •                                              • Zwischen die Tür und das Fenster.

**19** Präpositionen mit Akkusativ oder Dativ. Antworte.

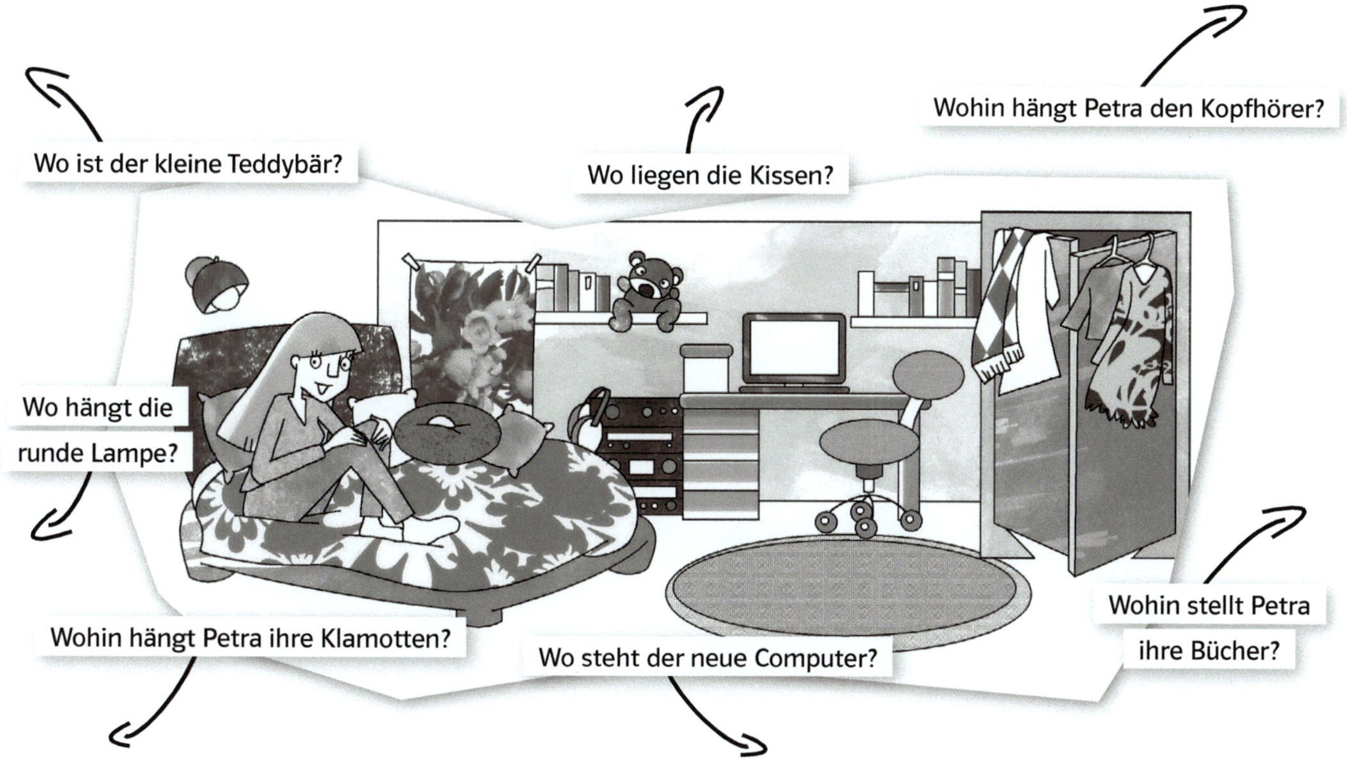

Wo ist der kleine Teddybär?

Wo liegen die Kissen?

Wohin hängt Petra den Kopfhörer?

Wo hängt die runde Lampe?

Wohin hängt Petra ihre Klamotten?

Wo steht der neue Computer?

Wohin stellt Petra ihre Bücher?

## 20 Ordne zu.

1. ____ liegen
2. ____ stellen
3. ____ legen
4. ____ hängen
5. ____ sitzen
6. ____ stehen
7. ____ setzen
8. ____ hängen

a. gehängt
b. gesetzt
c. gelegen
d. gestanden
e. gestellt
f. gehangen
g. gesessen
h. gelegt

Julia, wohin hast du dein Kleid gehängt?

## 21 Antworte wie im Beispiel.

1. ● Die Schuhe stehen nicht unter dem Bett.

   ● *Unmöglich! Ich habe sie unter das Bett gestellt.*

2. ● Die Bücher liegen nicht auf dem Schreibtisch.

   ● 

3. ● Die Flasche steht nicht im Kühlschrank.

   ● 

4. ● Die Zeitung liegt nicht auf dem Sofa.

   ● 

5. ● Das Telefonbuch liegt nicht neben dem Telefon.

   ● 

6. ● Die Blumen stehen nicht in der Vase.

   ● 

7. ● Die Teller stehen nicht auf dem Tisch.

   ● 

8. ● Die Jacke hängt nicht in der Garderobe.

   ●

## 22 Ergänze die Sätze. Dann lest sie in Paaren vor.

1. • Michael, warum steht das zerbrochene Glas auf dem Stuhl? Bring es in den Mülleimer!

   • Ja, es ist schon _____

2. • Michael, wieso liegt das dicke Wörterbuch unter dem Bücherregal? Stell es in das Regal!

   • Ja, gemacht! Es steht schon _____

3. • Und der CD-Player? Stell ihn auf den Fußboden neben das Bücherregal!

   • Okay, er steht schon _____

4. • Und der Stuhl? Stell ihn zwischen das Regal und den Tisch!

   • Gemacht! Er steht schon _____

5. • Warum liegt das Poster auf dem Boden? Häng es an die Wand!

   • Okay! Es hängt schon _____

6. • Und das Sofa noch! Stell es in die Mitte!

   • Ja, und das Sofa steht schon _____

## 23 Wie lautet das Partizip?

1. Wohin hast du den Tisch    a. ☐ gestellt?    b. ☐ gestanden?
2. Ich habe mich auf das Sofa    a. ☐ gesessen.    b. ☐ gesetzt.
3. Er hat die Flasche auf den Tisch    a. ☐ gestanden.    b. ☐ gestellt.
4. Das Poster hat bis heute hier    a. ☐ gehängt.    b. ☐ gehangen.
5. Wohin hast du den Teppich    a. ☐ gelegt?    b. ☐ gelegen?
6. Er hat bis 18.00 Uhr am Schreibtisch    a. ☐ gesetzt.    b. ☐ gesessen.
7. Er hat sich auf den Boden    a. ☐ gesessen.    b. ☐ gesetzt.
8. Ich habe das Auto in die Garage    a. ☐ gestellt.    b. ☐ gestanden.
9. Im Kino hat Timo neben Susi    a. ☐ gesetzt.    b. ☐ gesessen.

**24** Sortiere die Verben und schreib dann Sätze.

warten • gehen • fahren • bleiben • stehen • bringen • kommen • ankommen • reisen • sitzen • einsteigen • stellen • sein • fliegen • treffen • hängen • springen

| Wo? | Wohin? |
| --- | --- |
| ankommen, | gehen, |

*Der Zug kommt um 14.00 Uhr in Berlin an.*

**25** Ergänze die Sätze.

1. Die _____ Jeans musst du waschen. (schmutzig)

2. Das _____ Sofa musst du reparieren. (beschädigt)

3. Den _____ Teppich musst du reinigen lassen. (dreckig)

4. Die _____ Ballons musst du entfernen. (bunt)

5. Das _____ Poster musst du an die Wand hängen. (modern)

6. Die _____ Stehlampe musst du wegwerfen. (kaputt)

7. Den _____ Sessel musst du auf den Fußboden stellen. (alt)

8. Die _____ Katze musst du ins Arbeitszimmer bringen. (schwarz)

**26** Ergänze die Endungen der Adjektive.

1. • Brauchst du heute eine klein___ oder eine groß___ Einkaufstasche?

   ○ Ich nehme heute die groß___ Tasche.

2. • Buchen wir in diesem Jahr eine lang___ Weltreise?

   ○ Nein, ich habe schon die exotisch___ Afrika-Reise gebucht.

3. • Kaufst du dir jetzt ein neu___ T-Shirt?

   ○ Nein, das alt___ ist immer noch gut.

4. • Schreibst du Max einen schön___ Liebesbrief?

   ○ Nein, schön___ Liebesbriefe sind altmodisch.

5. • Trinkst du ein klein___ Glas Cola?

   ○ Nein, das groß___ Glas Cola. Ich bin durstig.

6. • Schaust du dir einen französisch___ Film an?

   ○ Nein, das ist der deutsch___ Film.

7. • Möchtest du eine groß___ Torte zum Geburtstag?

   ○ Nein, die klein___ aus der Konditorei „Krone" ist ganz gut.

8. • Nimmst du einen schwarz___ oder einen bunt___ Regenschirm mit?

   ○ Heute nehme ich den bunt___ hier. Er passt gut zu meinen Gummistiefeln.

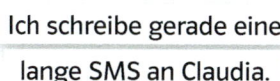

Ich schreibe gerade eine lange SMS an Claudia.

**27** Ergänze die Sätze mit den Adjektiven in der richtigen Form.

1. Dieser Schal ist nicht _elegant_ . Ich möchte den _____ Schal kaufen.

2. Das _rote_ T-Shirt steht dir gut. Okay, ich ziehe das _____ T-Shirt an.

3. Mein Sessel ist nicht mehr _neu_ , ich brauche den _____ Sessel.

4. Peters Hund ist ziemlich _aggressiv_ . Den _____ Hund möchte ich nicht haben.

5. Ein Urlaub muss nicht _lang_ sein. Aber ich brauche eben den _____ Urlaub!

6. Elkes Freund ist sehr _lustig_ . Ich mag den _____ Freund von Elke sehr.

## C 28 Wie liberal sind deine Eltern? Mach den Test.

1. ☐ Meine Eltern lassen mich ausgehen, wann ich will.
2. ☐ Meine Eltern lassen mich leben, wie es mir gefällt.
3. ☐ Meine Eltern lassen mich alles tun.
4. ☐ Meine Eltern lassen mir genügend Freiheit.
5. ☐ Meine Eltern lassen mich zu Hause rauchen.
6. ☐ Meine Eltern lassen mich mit Freunden in Urlaub fahren.
7. ☐ Meine Eltern lassen mich bei meiner Freundin / meinem Freund übernachten.
8. ☐ Meine Eltern respektieren meine Privatsphäre und lassen mich in Ruhe.
9. ☐ Meine Eltern lassen mich allein zu Hause, wenn sie verreisen.
10. ☐ Meine Eltern lassen mich sonntags ausschlafen.

**8–10 x Ja** Du darfst praktisch alles tun. Deine Eltern verbieten dir (fast) nichts. Sie sind sehr liberal. Sie meinen, jeder soll seinen Weg gehen und tun, was er will.
**6–7 x Ja** Deine Eltern sind sehr verständnisvoll. Aber sie wissen, dass man als Eltern manchmal „Nein" sagen muss.
**4–5 x Ja** Deine Eltern sind ziemlich streng und verstehen dich nicht. Versuche mit ihnen darüber zu sprechen.
**1–3 x Ja** Deine Eltern lassen dir keinen Freiraum. Du musst ihnen sagen, dass du mehr Freiheit brauchst.

## 29 Beantworte die Fragen.

1. ● Erlaubt dir dein Vater, dass du mit seinem Auto fährst?

   ● *Ja, er lässt mich mit seinem Auto fahren.*

2. ● Erlauben dir deine Eltern, allein zu verreisen?

   ● Nein,

3. ● Erlaubt dir deine Mutter, dass du bis Mittag schläfst?

   ● Ja,

4. ● Erlaubt dir dein Vater, dass du rauchst?

   ● Nein,

5. ● Erlauben dir deine Eltern, dass du oft auf Partys gehst?

   ●

6. ● Erlaubt dir deine Mutter, dass du nicht in die Schule gehst?

   ●

# Wörtertraining

## 1 Was passt?

an: *an der Wand,*

auf:

zwischen:

vor:

hinter: *hinter der Schule,*

Endlich habe ich mein eigenes Zimmer!
Nur für mich! Ich kann es möblieren,
wie ich es will.

## 2 Ergänze die Aussage.

Ich lege

Ich hänge

Ich stelle

## 3 Welche Wörter passen? Ergänze den Wortigel.

schlechte Noten

Taschengeld

**Streit mit den Eltern
Worüber?**

## 4 Ergänze und frage deinen Partner / deine Partnerin.

*Ich streite mich mit meinen Eltern über:*

*Mein Partner / meine Partnerin:*

# Lektion 17

# SCHÖN, SCHÖNER, AM SCHÖNSTEN

## A 1  Bilde Sätze.

| Albert Einstein | | nach Amerika | gewesen. |
| W. A. Mozart | | an vielen Modeschauen | geschrieben. |
| Heidi Klum | hat | als Kleinkind Konzerte | ausgewandert. |
| Anna Lührmann | ist | die Relativitätstheorie | gespielt. |
| J. W. von Goethe | | die jüngste Abgeordnete | teilgenommen. |
| Romy Schneider | | 1921 den Nobelpreis | bekommen. |
| | | die Rolle von Kaiserin Sissi | gegeben. |
| | | 50 Symphonien | entdeckt. |
| | | „Faust" | komponiert. |

*J. W. von Goethe hat „Faust" geschrieben.*

## 2  Kurzbiografie. Erzähle den Lebenslauf von Ludwig van Beethoven.

| 1770 | in Bonn geboren |
| 1787 | erste Reise nach Wien, Bekanntschaft mit Mozart |
| 1792 | zweite Reise nach Wien, Musikunterricht bei Haydn |
| 1795 | erster Auftritt als Pianist |
| 1800 | beginnende Taubheit |
| 1805 | Vollendung der einzigen Oper „Fidello" |
| 1818 | völlige Taubheit |
| 1823 | 9. Symphonie „An die Freude" |
| 1827 | Tod in Wien |

Ludwig van Beethoven ist 1770 in Bonn geboren.

**3** Eine berühmte Persönlichkeit.

Sammle Informationen und schreib einen Text.

| | |
|---|---|
| **Vorname / Name** | |
| **Wann und wo geboren?** | |
| **Beruf** | |
| **Schule, Studium** | |
| **Wo gelebt?** | |
| **Was gemacht?** | |
| **Wann und wo gestorben?** | |

Warum hast du diese
Person gewählt?

**4** Bilde Formen wie im Beispiel.

**1.** der Komponist • schnell   *der schnellste Komponist*

**2.** das Model • attraktiv

**3.** der Dichter • groß

**4.** der Film • bekannt

**5.** die Schauspielerin • talentiert

**6.** die Abgeordnete • jung

**7.** der Mensch • intelligent

**8.** der Preis • wichtig

## 5    Was meinst du? Antworte.

**1.** Wer ist die reichste Person in deinem Land?

**2.** Wer ist der eleganteste Politiker?

**3.** Wer ist die sportlichste Frau?

**4.** Wer ist der beste Fußballspieler?

**5.** Wer ist das berühmteste Model?

**6.** Wer ist der intelligenteste Mensch?


## 6    Superlative. Ergänze die Fragen.

Wie hoch ist der höchste aktive Vulkan?

**1.** Wie lang ist der             Fluss der Welt?

**2.** Wie groß ist die             Stadt Deutschlands?

**3.** Wie schnell ist das             Auto der Welt?

**4.** Wie hoch ist der             Berg Europas?

**5.** Wie klein ist der             Mensch der Welt?

**6.** Wie tief ist der             See Deutschlands?

**7.** Wie kurz ist der             Monat des Jahres?

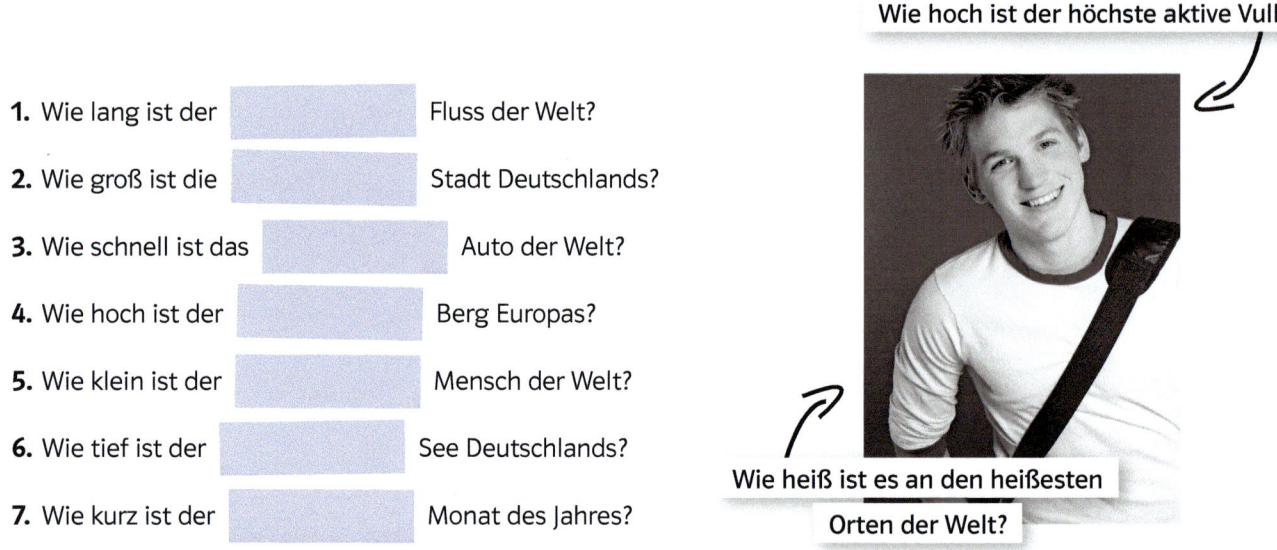

Wie heiß ist es an den heißesten Orten der Welt?


## 7    Recherchiere im Internet und beantworte die Fragen aus 6.

Der längste Fluss der Welt ist der Nil. Er ist 6671 km lang.

Die größte Stadt Deutschlands ist Berlin. Dort wohnen 3,5 Millionen Einwohner.

8 Ergänze die Fragen und antworte.

1. Der beste Fußballspieler aller Zeiten?    *Franz Beckenbauer*

2. Das schön███ Model der Welt?

3. Die bekannt███ deutsche Politikerin?

4. Der schnell███ Komponist aller Zeiten?

5. Die berühmt███ Schauspielerin Europas?

6. Der genial███ Physiker der Welt?

7. Der erfolgreich███ Formel-1-Pilot?

8. Der größ███ Schriftsteller Deutschlands?

> Wer ist der beste Fußballspieler aller Zeiten?

> Das ist doch Franz Beckenbauer!

9 Ergänze den Superlativ. Dann ordne die Antworten zu.

die Zugspitze • Rom • San Marino • der Februar • der Gepard • Griechenland

1. Wie heißt ███ Berg Deutschlands? (hoch)

2. Wie heißt ███ Republik der Welt? (klein)

3. Wie heißt ███ Stadt Italiens? (groß)

4. Wie heißt ███ Monat des Jahres? (kurz)

5. Wie heißt ███ Tier der Savanne? (schnell)

6. Wie heißt ███ Land Europas? (warm)

*Der höchste Berg Deutschlands ist*

**10** Hör zu und sammle Informationen. > HÖREN ▶ 11

> HÖREN ▶ 11

### Interview mit ... Albert Einstein

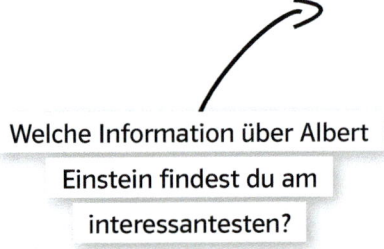

Welche Information über Albert Einstein findest du am interessantesten?

|  | |
|------|--|
| 1879 | |
| 1894 | |
| 1896 | |
| 1900 | |
| 1905 | ... hat einige Studien zur Relativitätstheorie veröffentlicht. |
| 1909 | |
| 1914 | |
| 1921 | |
| 1945 | |
| 1955 | |

**B 11** Lies den Text und sammle Informationen.

### München persönlich gesehen

Mein Name ist Georg Kramer, ich bin 36 Jahre alt, von Beruf Bankangestellter. Ich bin in München geboren und aufgewachsen. Ich lebe gern hier. Ich finde, München ist die ideale Stadt zum Leben. Es ist bestimmt kein Zufall, dass München in der Rangliste der beliebtesten deutschen Städte auf Platz 1 steht. Denn München ist zwar eine Großstadt, aber es ist hier anders als in den anderen Metropolen, nicht so chaotisch, so hektisch. Es ist eine Stadt mit viel Grün und viel Natur. Alle kennen den Englischen Garten. Er ist ein großer Park mitten in der Stadt! Ich fahre gern Ski und von München aus sind die Alpen nicht weit weg. Im Winter fahre ich fast jedes Wochenende nach Garmisch … Und als Fußballfanatiker bin ich stolz auf den FC Bayern und die Allianz-Arena, das neue Wahrzeichen der Stadt!

| | |
|---|---|
| Angaben zur Person | |
| Seit wann in München? | |
| Gern in München? | |
| Warum? | |
| Wahrzeichen der Stadt | |

## 12 Vergleiche die zwei Jungen.

**Stefan**
15 Jahre
1,71 Meter
67 kg
unsportlich
faul, lernt wenig
schlechte Noten
hört viel Musik

**Daniel**
17 Jahre
1,78 Meter
67 kg
dynamisch
fleißig, lernt viel
gute Noten
hört wenig Musik

*Stefan ist jünger als Daniel.*

## 13 *Als* oder *wie*? Ergänze.

**1.** München ist größer _____ Frankfurt.

**2.** Der Opel Corsa ist nicht so schnell _____ der Golf.

**3.** Das Hotel im Zentrum ist teurer _____ das Hostel.

**4.** Die Mathelehrerin ist weniger beliebt _____ der Deutschlehrer.

**5.** Tina ist nicht so sportlich _____ Julia.

**6.** Der Porsche fährt schneller _____ der Mercedes.

**7.** Ein Formel-1-Pilot verdient mehr _____ ein Fußballspieler.

**8.** Ein Lehrer verdient nicht so gut _____ ein Manager.

**9.** Nürnberg hat fast so viele Einwohner _____ Stuttgart.

**10.** Eva spricht besser Englisch _____ Martha.

## 14 Superlativ. Ordne zu und ergänze die Sätze.

billig • teuer • kalt • gut • ruhig • schnell • hoch • gern

**1.** Der Salat schmeckt am _____

**2.** Wie komme ich am _____ zum Bahnhof?

**3.** Wo wohnt man am _____ in dieser Stadt?

**4.** Welches Hotel ist am _____ ?

**5.** Was liest du am _____ ? Comics?

**6.** Am Südpol ist es am _____

**7.** Welches Gebäude ist am _____ in Frankfurt?

**8.** Im Restaurant „Krone" ist es am _____

## 15 Bilde Sätze wie im Beispiel.

Wer von uns ist am lustigsten?

**1.** Eva, Sonja, Peter • lustig sein

**2.** Klaus, Tobias, Max • viel lesen

**3.** Hamburg, München, Berlin • schön sein

**4.** Italien, Spanien, Türkei • warm sein

**5.** Paolo, Andrea, Luca • gut Deutsch sprechen

**6.** Apfelsaft, Cola, Tee • gern trinken

**7.** Mercedes, BMW, Porsche • schnell fahren

*Eva ist lustig, Sonja ist lustiger als Eva. Aber Peter ist am lustigsten.*

**16** Ein Quiz. Hast du das gewusst? Ergänze die Fragen.

1. Welches Tier läuft _____ ? (schnell)

   Der Gepard. Er ist 120 km/h schnell.

2. Welches Tier ist _____ ? (langsam)

   Die Schnecke. Sie ist nur 0,01 km/h schnell.

3. Welches Tier frisst _____ ? (viel)

   Der Elefant. Er frisst eine halbe Tonne Grünzeug pro Tag.

4. Welches Tier lebt _____ ? (kurz)

   Die Eintagsfliege. Sie lebt nur fünf Stunden.

5. Welcher Vogel lebt _____ ? (lang)

   Der Kakadu-Papagei. Er kann bis zu 120 Jahre alt werden.

6. Welches Tier brüllt _____ ? (laut)

   Der Brüllaffe. Bis zu fünf Kilometer weit hört man seine Stimme.

7. Welches Tier braucht _____ Wasser? (wenig)

   Die Säbelantilope. Sie muss nur sehr selten trinken.

8. Welches Tier frisst _____ Menschen? (gern)

   Der Bengal-Tiger. 1869 hat ein Bengal-Tiger 127 Menschen gefressen.

## 17 Gebrauchtwagen. Vergleiche und beantworte die Fragen.

|  | Baujahr: | Motor (PS): | Geschwindigkeit: | km-Stand: | Preis (Euro): |
|---|---|---|---|---|---|
| **Zu verkaufen!** Ferrari 250 GTO | 1963 | 2950 (297) | 250 km/h | 38.000 | |
| **Zu verkaufen!** Fiat 500 | 2016 | 1400 (180) | 225 km/h | 7.600 | |
| **Zu verkaufen!** VW T3 California | 1990 | 1600 (69) | 125 km/h | 253.000 | |

Wie teuer sind die Autos?
Recherchiere die Preise im Internet.

Der VW T3 California ist neuer als der Ferrari 250 GTO, aber nicht

so neu wie der Fiat 500. Der Fiat 500 ist am neuesten.

Welches Auto möchtest du am liebsten
kaufen? Warum?

## 18 Beantworte die Fragen.

1. Wen findest du am lustigsten?

   Ich glaube,

2. Wen findest du am sympathischsten?

   Ich meine,

3. Wen findest du am modernsten?

   Ich bin nicht sicher, aber

4. Wer kann die meisten Fremdsprachen?

   Ich vermute,

5. Wer kleidet sich am modischsten?

   Ich sehe,

6. Wer ist am sportlichsten?

   Ich finde,

Lisa

Thomas

Stefan

Sonja

Welche Person möchtest du auf Facebook treffen?

Warum?

## C 19 Bilde Sätze wie im Beispiel.

1. schlimm · sehen

   *Das ist das Schlimmste, was ich je gesehen habe.*

2. interessant · hören

   *Das ist das Interessanteste, was*

3. gut · tun

   *Das ist das Beste, was*

4. langweilig · erleben

5. aufregend · erleben

6. schön · sehen

7. spannend · lesen

8. dumm · machen

## 20 Bilde Sätze.

**1.** ich / den Deutschlehrer / finden / die Mathelehrerin / als / tolerant

**2.** wie hoch / Europas / Berg / sein / der höch… / ?

**3.** Heidi Klum / Model / sein / Deutschlands / das schön…

**4.** Wen / hübsch / du / finden / ? / Claudia oder Martina

**5.** Mensch / groß / sein / der Welt / 59 Zentimeter / der klein…

**6.** Peter / Thomas / Englisch sprechen / gut / als / aber Klaus / am b… / sprechen

**7.** Der Mont Blanc / hoch / das Matterhorn / als / sein

**8.** Die Schüler / am langweilig… / den Mathelehrer / finden

## 21 Schreib eine E-Mail und stell DiDo vor.

**Von:** Anja

Hallo, Maria,
ich war gestern im Konzert. Und ich habe … DiDo getroffen! Kennst du ihn? Er …

# Wörtertraining

## 1 Fragebogen. Meine Familie im Vergleich.

|  | du | dein Partner / deine Partnerin |
|---|---|---|
| Wer ist am kleinsten? |  |  |
| Wer ist am lustigsten? |  |  |
| Wer spielt am besten Videogames? |  |  |
| Wer kocht am besten? |  |  |
| Wer isst am meisten? |  |  |
| Wer fährt am besten Fahrrad? |  |  |
| Wer geht am spätesten schlafen? |  |  |
| … |  |  |

## 2 Vergleiche deinen Heimatort mit Berlin oder München.

# LUST AUF URLAUB?

**A 1** Wohin? Ergänze die Tabelle.

Land · Paris · Adria · Alpen · Meer · Nordsee · Gebirge · Türkei · Sizilien · USA · Spanien · Bodensee · Schwarzwald · Berlin

| nach | ins | in die | in den |
|------|-----|--------|--------|
|      |     |        |        |

Ich fahre

| ans | an den | an die | auf(s) |
|-----|--------|--------|--------|
|     |        |        |        |

**2** *Nach* oder *in die*? Ergänze.

Ich fahre heute nach Italien!

**1.** Wir fahren _____ Türkei.

**2.** Timo fliegt im Sommer _____ USA.

**3.** Kommst du mit _____ Deutschland?

**4.** Wie fährst du _____ Frankreich?

**5.** Herr Meier fährt _____ Dolomiten.

**6.** Onkel Georg fährt morgen _____ München.

**7.** Die Müllers fahren im Sommer _____ Schweiz.

**8.** Fährst du _____ Ukraine?

**9.** Onkel Fritz fährt im August _____ Toskana.

**10.** Lara fährt zunächst _____ Paris und dann _____ London.

**3** *An den*, *an die* oder *ans*? Ergänze.

1. Sara fährt im Sommer _____ Adria.

2. Die Freunde von Jana fahren dieses Jahr _____ Gardasee.

3. Der Opa fährt _____ Meer.

4. Herr Wagner fährt allein _____ Nordsee. Seine Frau fährt _____ Ostsee.

5. Wir fahren alle zusammen _____ Bodensee.

6. Kommst du mit _____ Riviera?

7. Ich habe keine Lust, _____ Nordsee zu fahren. Fahren wir _____ Mittelmeer!

8. Du fährst schon wieder _____ Chiemsee?

**4** *In den*, *in die* oder *ins*? Ergänze.

1. Ich fahre mit meinen Eltern _____ Türkei.

2. Wir fliegen ohne Eltern _____ USA.

3. Onkel Georg will im Sommer _____ Alpen fahren.

4. Tante Agathe möchte lieber _____ Dolomiten fahren.

5. Herr Schulz fährt _____ Schwarzwald.

6. Meine Großeltern fahren gern _____ Gebirge.

7. Kommst du mit _____ Berge?

**5** Ergänze die Aussage.

Wir machen mit meinem Bruder eine Reise durch Deutschland. Zuerst fahren wir _____ d _____ Bodensee, dann weiter _____ München, dann _____ Berlin. Ich mag Großstädte. Von da aus fahren wir bis _____ d _____ Ostsee. Wir machen natürlich auch einen Ausflug _____ Rügen. Mein Bruder will zum Schluss auch _____ d _____ Schwarzwald fahren. Er wandert gern.

## 6 Wohin? Schreib die Sätze zu Ende.

**1.** Ich will Deutsch lernen. Also fahre ich _____ oder _____

**2.** Ich will Ski fahren. Also fahre ich _____ oder _____

**3.** Ich will surfen. Also fahre ich _____ oder _____

**4.** Ich will baden. Also fahre ich _____ oder _____

**5.** Ich will wandern. Also fahre ich _____ oder _____

**6.** Ich will Englisch lernen. Also fahre ich _____ oder _____

**7.** Ich will den Eiffelturm sehen. Also fahre ich _____ oder _____

**8.** Ich will gute Schokolade essen. Also fahre ich _____ oder _____

## 7 Was sagt Herr Fischer?

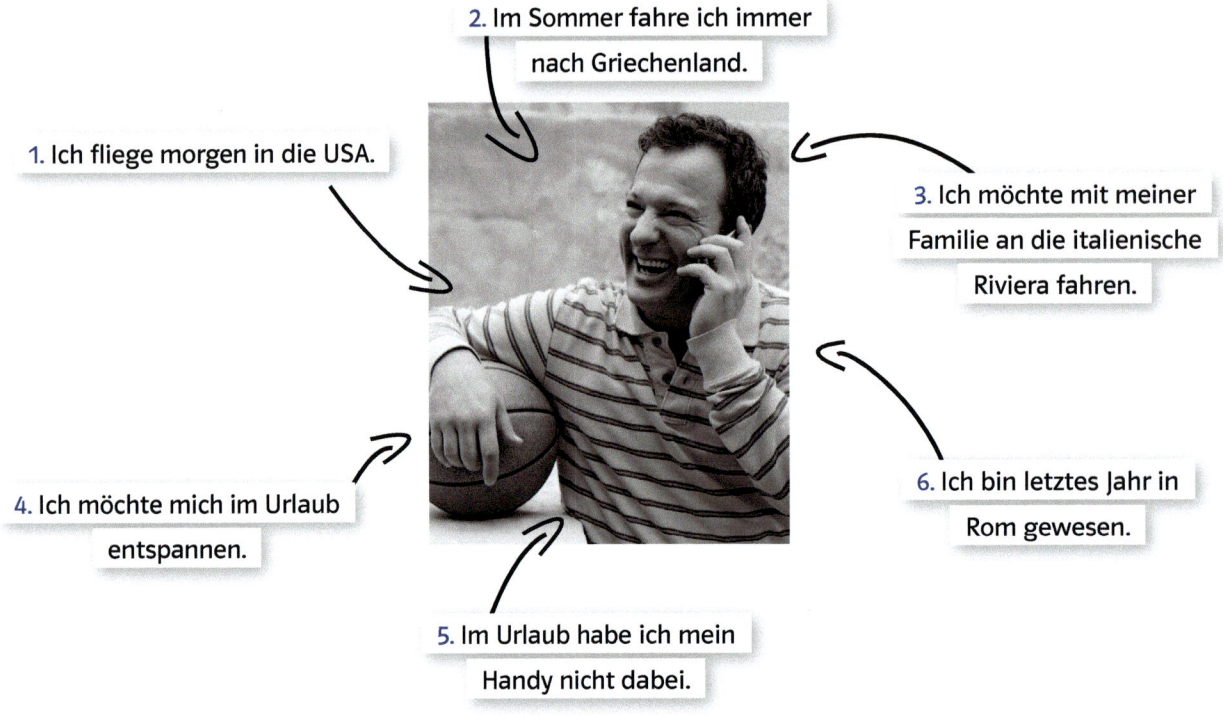

2. Im Sommer fahre ich immer nach Griechenland.

1. Ich fliege morgen in die USA.

3. Ich möchte mit meiner Familie an die italienische Riviera fahren.

4. Ich möchte mich im Urlaub entspannen.

6. Ich bin letztes Jahr in Rom gewesen.

5. Im Urlaub habe ich mein Handy nicht dabei.

*Herr Fischer sagt, dass er morgen in die USA fliegt.*

_____

_____

_____

_____

## 8 Reisebericht. Was schreibt Martina?

Meine Sommerferien waren prima! Ich war in Malaga und habe einen Spanischkurs besucht. Es hat mir sehr gut gefallen! Ich habe viele Leute kennengelernt und ich habe meine Sprachkenntnisse verbessert. Ich kann jetzt ganz gut Spanisch sprechen. Ich habe mit zwei anderen Mädchen aus Italien in einem Apartment gewohnt. Wir haben uns angefreundet. Die Lage unseres Apartments war ideal, weil ich in nur fünf Minuten am Strand war. Ich kann jedem die Sprachferien empfehlen!

★★★☆

*Martina schreibt, dass*

## 9 Wo kann man was machen? Ordne zu und schreib Sätze.

Ski fahren • Rad fahren • in der Sonne liegen • sich entspannen • Natur pur erleben • Spanisch lernen • viele Museen besuchen • surfen • wandern • baden • segeln

| im Gebirge | |
| --- | --- |
| an der Adria | |
| an der Ostsee | |
| am Bodensee | |
| in Barcelona | |

*Im Gebirge kann man*

## 10 Wo warst du letzten Sommer? Bilde Sätze.

| Ich | bin<br>habe<br>war | meine Ferien<br>bei meiner Oma<br>mit meinen Freunden<br>zwei Wochen<br>mit meinen Eltern | in<br>im<br>in der<br>in den<br>am<br>an der<br>auf<br>auf dem | Land<br>Schweiz<br>Costa del Sol<br>Kreta<br>London<br>USA<br>Schwarzwald<br>Ostsee<br>Bodensee | gewesen.<br>verbracht. |
|---|---|---|---|---|---|

 

 

 

 

## 11 Bilde Sätze wie im Beispiel.

**1.** Gebirge • schöne Wanderungen machen

*Ich bin im Gebirge gewesen und habe schöne Wanderungen gemacht.*

**2.** Gardasee • einen Surfkurs besuchen

**3.** Adria • baden

**4.** Mallorca • viel Spaß haben

**5.** Schweiz • gute Schokolade essen

**6.** Paris • den Eiffelturm sehen

**7.** Alpen • Ski fahren

**12** *In dem*, *in der* oder *in den*? Ergänze.

1. Wir waren _____ Türkei.

2. Timo ist im Sommer _____ USA gewesen.

3. Herr Meier hat eine Woche _____ Dolomiten verbracht.

4. Die Müllers waren zum ersten Mal _____ Schweiz.

5. Onkel Fritz verbringt seine Ferien immer _____ Toskana.

6. Schon wieder Urlaub _____ Gebirge? Wie langweilig!

**13** *Am* oder *an der*? Ergänze.

1. Sarah war im Sommer _____ Adria.

2. Die Freunde von Jana machen dieses Jahr Urlaub _____ Gardasee.

3. Der Opa hat den Winter _____ Riviera verbracht.

4. Warst du schon mal _____ Nordsee?

5. Wie war das Wetter _____ Bodensee?

6. Ich freue mich auf den Urlaub _____ Meer.

7. Was kann man _____ Ostsee machen?

**14** *Wo* oder *wohin*? Ergänze und kreuze die richtige Antwort an.

1. _____ machst du Urlaub?    ☐ Am Meer.    ☐ Ans Meer.

2. _____ fährst du im Sommer?    ☐ An der Adria.    ☐ An die Adria.

3. _____ fährt Familie Scholz?    ☐ In Rom.    ☐ Nach Rom.

4. _____ fliegt Markus?    ☐ In den USA.    ☐ In die USA.

5. _____ hast du Französisch gelernt?    ☐ In der Schweiz.    ☐ In die Schweiz.

6. _____ ist es sehr windig?    ☐ Am Gardasee.    ☐ An den Gardasee.

7. _____ kann man relaxen?    ☐ An der Nordsee.    ☐ An die Nordsee.

8. _____ reisen wir im Sommer?    ☐ In Australien.    ☐ Nach Australien.

**15** Wohin fahren die Leute in Urlaub? Hör zu und ergänze. > HÖREN ▶ 12

Franz Keller

Karin Wiese

| | | |
|---|---|---|
| **Wohin?** | | |
| **Wann?** | | |
| **Mit wem?** | | |
| **Wie lange?** | | |
| **Was?** | | |

**B 16** Wie ist das Wetter diese Woche?

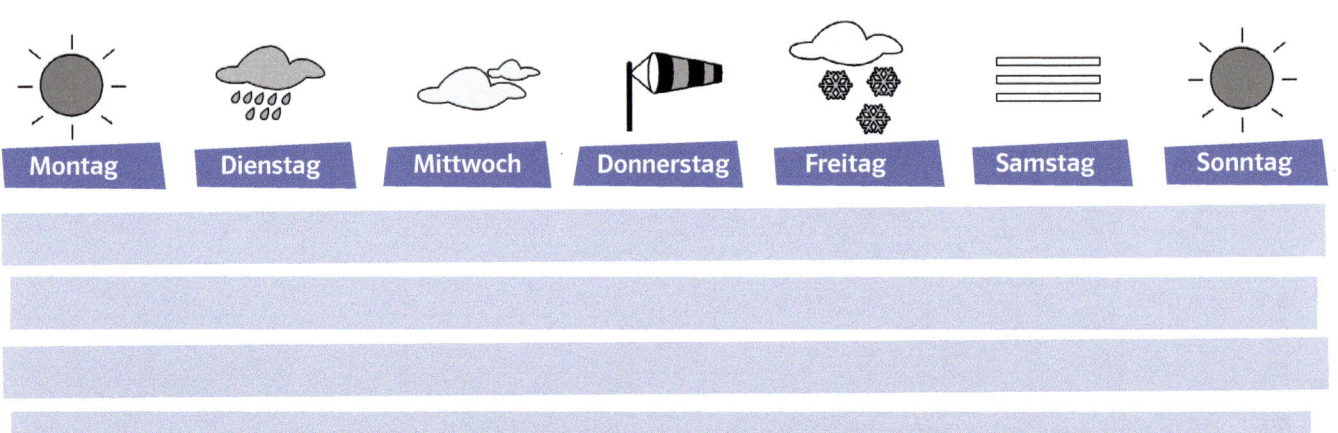

| Montag | Dienstag | Mittwoch | Donnerstag | Freitag | Samstag | Sonntag |
|---|---|---|---|---|---|---|

**17** Wetterbericht. Hör zu und sammle Informationen. > HÖREN ▶ 13

| | sonnig | bewölkt | windig | Regen | Temperaturen |
|---|---|---|---|---|---|
| **Norddeutschland** | | | | | |
| **Süddeutschland** | | | | | 24 Grad |
| **Westdeutschland** | | | | | |
| **Ostdeutschland** | | | | | |

# 18 Das Wetter heute. Kommentiere die Wetterkarte.

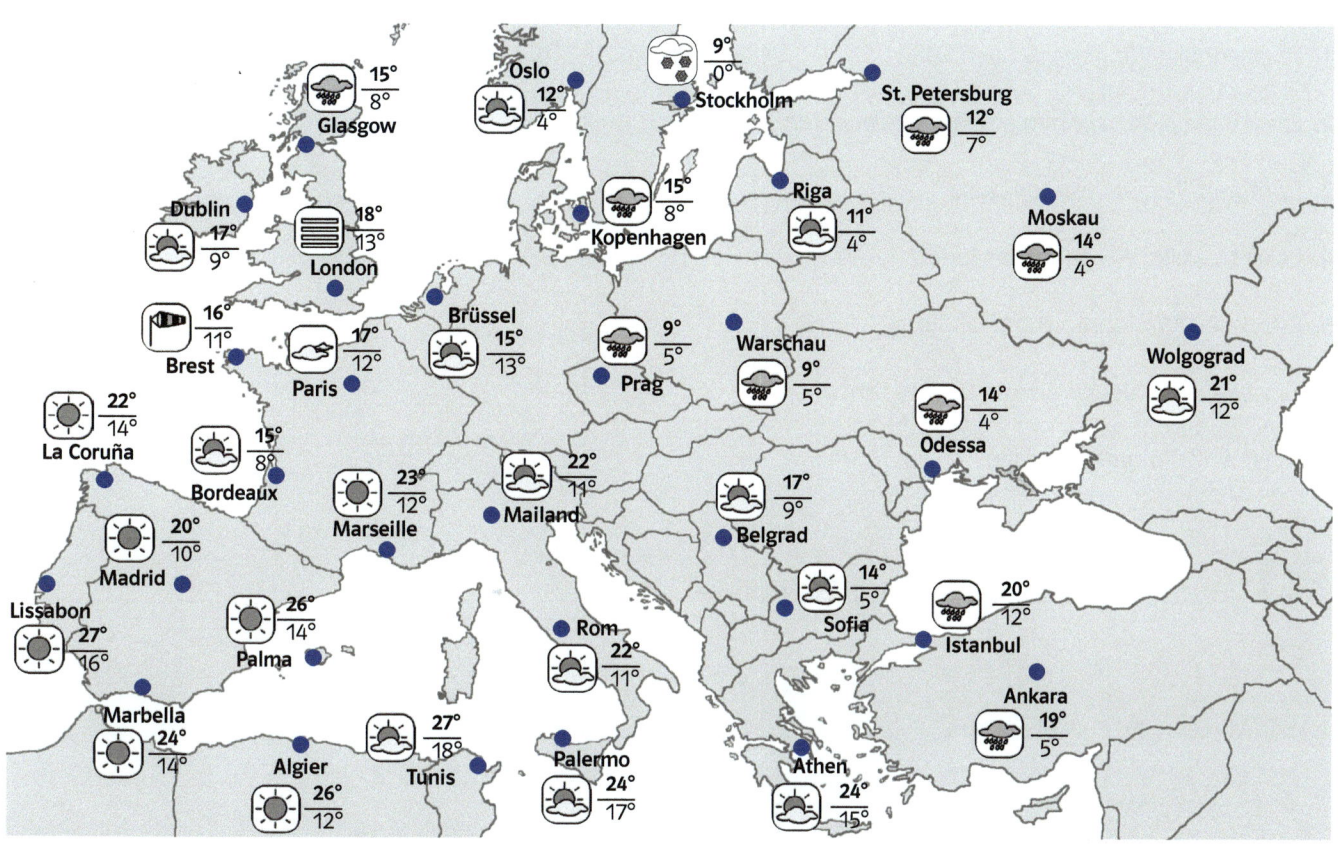

| In Rom | *ist es leicht bewölkt. Die Temperatur liegt zwischen 11 und 22 Grad.* |
|---|---|
| In Stockholm | |
| In Moskau | |
| Auf Sizilien | |
| In London | |
| In Madrid | |
| In Brest | |

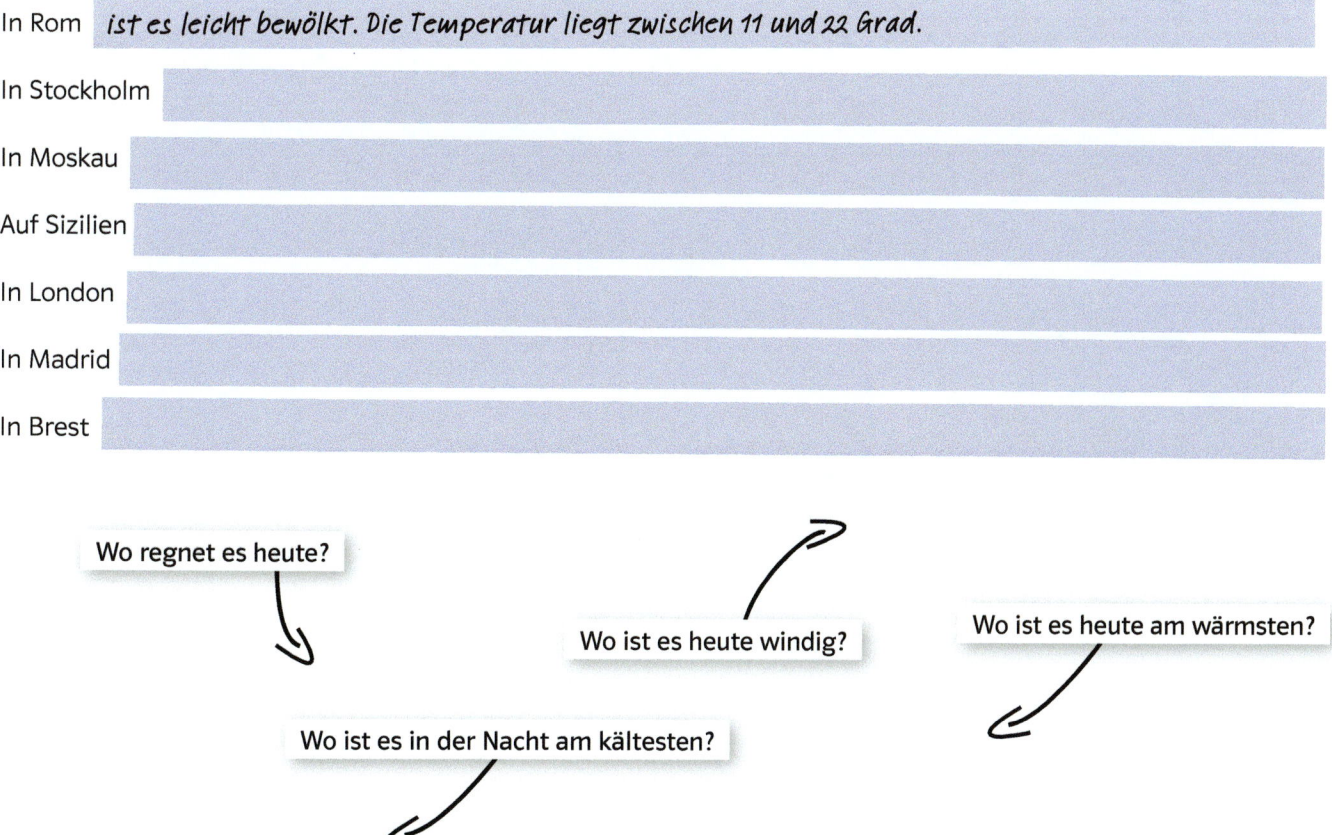

Wo regnet es heute?

Wo ist es heute windig?

Wo ist es heute am wärmsten?

Wo ist es in der Nacht am kältesten?

## 19 Bilde Sätze wie im Beispiel.

1. Es ist sonnig. Wir gehen in den Park.

   *Wenn es sonnig ist, gehen wir in den Park.*

2. Es ist windig. Wir können am Bodensee surfen.

3. Es regnet. Wir bleiben zu Hause.

4. Es ist bewölkt. Wir gehen ins Kino.

5. Es schneit. Wir fahren zum Skifahren.

6. Es ist kalt. Wir ziehen warme Pullover an.

7. Es ist heiß. Wir gehen baden.

## 20 Bilde Minidialoge wie im Beispiel.

1. das Wörterbuch • Deutschland

● *Hast du dein Wörterbuch dabei?*

○ *Natürlich! Wenn ich nach Deutschland fahre, habe ich immer mein Wörterbuch dabei.*

2. die Badehose • Meer

●

○

3. das Surfbrett • Gardasee

●

○

4. die Skier • St. Moritz

●

○

5. die Wanderschuhe • Gebirge

●

○

**21** Bilde Sätze wie im Beispiel.

| Hauptsatz | dass . . . | aber nur wenn . . . |
|---|---|---|
| Timo sagt, | er • nach Garmisch fahren | schneien |
| Lara sagt, | sie • an den Chiemsee fahren | nicht regnen |
| Markus sagt, | er • an die Adria fahren | Sonne scheinen |
| Die Müllers sagen, | sie • in die Karibik fahren | im Lotto gewinnen |
| Anna sagt, | sie • nach New York fliegen | Florian • mitkommen |
| Meine Eltern sagen, | ich • nach London fahren | ich • gute Noten in Englisch bekommen |
| Die Oma sagt, | sie • ans Meer fahren | Wetter schön sein |

*Timo sagt, dass er nach Garmisch fährt, aber nur wenn es schneit.*

**22** Bilde Sätze im Perfekt. Was hat Katja in den Ferien gemacht?

Und du? Was hast du in den Ferien gemacht?

1. nach Spanien fahren

2. zwei Wochen in Spanien verbringen

3. in einem Hotel mit Pool wohnen

4. an den Strand gehen

5. jeden Tag baden

6. einen Segelkurs besuchen

7. im Restaurant Paella essen

8. bei schlechtem Wetter shoppen gehen

9. neue Leute kennenlernen

## C 23 Unsere gemeinsame Traumreise. Erzähle.

Du und dein Partner / deine Partnerin wollt gemeinsam die Sommerferien verbringen. Plant einen gemeinsamen Urlaub. Folgende Fragen können euch dabei helfen.

Wie viel könnt ihr ausgeben?

Woher nehmt ihr Geld?

Wohin wollt ihr fahren?

Warum?

Was kann man dort machen?

Welche Sehenswürdigkeiten?

Wo kann man am besten die Informationen bekommen?

Wann? Wie lange?

Wie? Mit welchem Verkehrsmittel?

Unterkunft?

Wer kann mitkommen?

## 24 Arbeitet in Paaren. Ergänzt die Tabelle.

Wer kennt die meisten Wörter?

| Länder | |
|---|---|
| Städte | |
| Inseln | |
| Berge | |
| Meere | |
| Flüsse | |
| Seen | |

# Wörtertraining

## 1 Was kann man hier machen?

1.

2.

3.

## 2 Wähle zwei Jahreszeiten aus und beschreibe das Wetter.

| Jahreszeit | Wetter |
|---|---|
|  |  |
|  |  |

## 3 Schreib die Postkarte an die Oma.

Wo? • Mit wem? • Unterkunft? • Wetter? • Aktivitäten? • Spaß?

Liebe Oma,

# LISTE DER UNREGELMÄSSIGEN VERBEN

| Infinitiv | Präsens (3. Person Singular) | Perfekt (Hilfsverb + Partizip II) |
|-----------|------------------------------|-----------------------------------|
| backen | backt / bäckt | hat gebacken |
| beginnen | beginnt | hat begonnen |
| bieten | bietet | hat geboten |
| bitten | bittet | hat gebeten |
| bleiben | bleibt | ist geblieben |
| brechen | bricht | hat gebrochen |
| bringen | bringt | hat gebracht |
| denken | denkt | hat gedacht |
| essen | isst | hat gegessen |
| fahren | fährt | ist / hat gefahren |
| fallen | fällt | ist gefallen |
| finden | findet | hat gefunden |
| fliegen | fliegt | ist / hat geflogen |
| geben | gibt | hat gegeben |
| gehen | geht | ist gegangen |
| gewinnen | gewinnt | hat gewonnen |
| haben | hat | hat gehabt |
| halten | hält | hat gehalten |
| hängen | hängt | hat gehangen |
| heißen | heißt | hat geheißen |
| helfen | hilft | hat geholfen |
| kennen | kennt | hat gekannt |
| kommen | kommt | ist gekommen |
| lassen | lässt | hat gelassen |
| laden | lädt | hat geladen |
| laufen | läuft | ist gelaufen |
| leihen | leiht | hat geliehen |
| lesen | liest | hat gelesen |
| liegen | liegt | hat gelegen |
| lügen | lügt | hat gelogen |
| nehmen | nimmt | hat genommen |

| Infinitiv | Präsens (3. Person Singular) | Perfekt (Hilfsverb + Partizip II) |
|---|---|---|
| nennen | nennt | hat genannt |
| raten | rät | hat geraten |
| reiten | reitet | ist geritten |
| rufen | ruft | hat gerufen |
| scheinen | scheint | hat geschienen |
| schlafen | schläft | hat geschlafen |
| schlagen | schlägt | hat geschlagen |
| schreiben | schreibt | hat geschrieben |
| schwimmen | schwimmt | ist / hat geschwommen |
| sehen | sieht | hat gesehen |
| sein | ist | ist gewesen |
| singen | singt | hat gesungen |
| sitzen | sitzt | hat gesessen |
| sprechen | spricht | hat gesprochen |
| springen | springt | ist gesprungen |
| stehen | steht | hat gestanden |
| steigen | steigt | ist gestiegen |
| streiten | streitet | hat gestritten |
| tragen | trägt | hat getragen |
| treffen | trifft | hat getroffen |
| trinken | trinkt | hat getrunken |
| tun | tut | hat getan |
| vergessen | vergisst | hat vergessen |
| verlieren | verliert | hat verloren |
| wachsen | wächst | ist gewachsen |
| waschen | wäscht | hat gewaschen |
| werden | wird | ist geworden |
| wiegen | wiegt | hat gewogen |
| wissen | weiß | hat gewusst |
| ziehen | zieht | hat gezogen |

# MEINE LIEBLINGSWÖRTER

Meine **Wörter**

# DIE SCHWIERIGSTEN WÖRTER FÜR MICH

## Trackliste

| Track | Lektion, Übung | Länge |
|---|---|---|
| 1 | L11, Ü15 | 00:59 |
| 2 | L11, Ü27 | 01:44 |
| 3 | L12, Ü23 | 02:22 |
| 4 | L13, Ü9 | 01:01 |
| 5 | L14, Ü11 | 01:18 |

| Track | Lektion, Übung | Länge |
|---|---|---|
| 6 | L14, Ü25 | 02:37 |
| 7 | L15, Ü3 | 00:51 |
| 8 | L15, Ü10 | 01:26 |
| 9 | L15, Ü22 | 01:28 |
| 10 | L16, Ü7 | 01:14 |

| Track | Lektion, Übung | Länge |
|---|---|---|
| 11 | L17, Ü10 | 02:25 |
| 12 | L18, Ü15 | 02:50 |
| 13 | L18, Ü17 | 00:46 |

gesamt: ca. 21:38

## Tonaufnahmen

**Sprecher und Sprecherinnen:** Kim Engelhardt, Lucie Glasmeyer, Stefan Moos, Jenny Ulbricht, Jakob Vogt, David Wurm
**Produktion:** Bauer Studios GmbH, Ludwigsburg (internationale Ausgabe)
© und ℗ Ernst Klett Sprachen GmbH, Stuttgart 2017

## Bild- und Quellennachweis

**Cover** Corbis (237/Sam Edwards/Ocean), Berlin;
**3.1** Thinkstock (Wavebreakmedia Ltd), München; **5.1** Thinkstock (Jupiterimages), München; **6.1** Thinkstock (Ableimages), München; **9.1** Shutterstock (Aleksandr Markin), New York; **9.2** Shutterstock (TunedIn by Westend61), New York; **10.1** Thinkstock (dgmata), München; **12.1** Thinkstock (Comstock Images), München; **14.1** Thinkstock (Pixland), München; **18.1** Fotolia (Multiart), New York; **18.2** Thinkstock (Comstock Images), München; **19.1** Thinkstock (eurobanks), München; **21.1** Thinkstock (DZM), München; **22.1** Thinkstock (Photodisc), München; **23.1** Shutterstock (Jeff Whyte), New York; **23.2** Shutterstock (S.Borisov), New York; **23.3** Shutterstock (Andrew Barker), New York; **23.4** Shutterstock (Matej Hudovernik), New York; **25.1** Thinkstock (rvlsoft), München; **28.1** Thinkstock (bowdenimages), München; **28.2** Thinkstock (AntonioGuillem), München; **29.1** Thinkstock (Michael Blann), München; **29.2** Thinkstock (Monkey Business Images), München; **31.1** Thinkstock (James Woodson), München; **32.1** Shutterstock (Everett Historical), New York; **34.1** Thinkstock (Monkey Business Images), München; **36.1** Thinkstock (LWA/Dann Tardif), München; **41.1** iStockphoto (Branimir76), Calgary, Alberta; **42.1** Thinkstock (Jupiterimages), München; **42.2** Thinkstock (Ondine32), München; **42.3** Thinkstock (fbxx), München; **43.1** Thinkstock (Bec Parsons), München; **44.1** Thinkstock (marilook), München; **44.2** Thinkstock (Feverpitched), München; **46.1** Thinkstock (BananaStock), München; **47.1** Thinkstock (Jupiterimages), München; **48.1** Shutterstock (Cameron Whitman), New York; **48.2** Shutterstock (Volga-Volga), New York; **49.1** Thinkstock (Halfpoint), München; **49.2** Thinkstock (Yuri Arcurs), München; **50.1** Shutterstock (Valua Vitaly), New York; **50.2** Shutterstock (Djomas), New York; **50.3** Shutterstock (Ambrophoto), New York; **50.4** Shutterstock (Tuzemka), New York; **50.5** Shutterstock (kurhan), New York; **50.6** Shutterstock (Alexander Raths), New York; **52.1** Shutterstock (plena), New York; **52.2** Shutterstock (Luminis), New York; **54.1** Shutterstock (Monkey Business Images), New York; **54.2** Shutterstock (StockLite), New York; **54.3** Shutterstock (Monkey Business Images), New York; **55.1** Fotolia (PT Images), New York; **55.2** Thinkstock (JackF), München; **57.1** Thinkstock (moodboard), München; **58.1** Shutterstock (Ambrophoto), New York; **58.2** Shutterstock (Ambrophoto), New York; **59.1** Thinkstock (Jupiterimages), München; **60.1** Thinkstock (Hemera Technologies), München; **73.1** Thinkstock (Martinan), München; **74.1** Thinkstock (Wavebreakmedia), München; **75.1** Shutterstock (Iakov Filimonov), New York; **76.1** Shutterstock (Everett Historical), New York; **77.1** Thinkstock (syntika), München; **78.1** Thinkstock (Hemera Technologies), München; **78.2** Shutterstock (Photographee.eu), New York; **79.1** 360b / Shutterstock, Inc.; **80.1** mauritius images / Science Faction / Library of Congress - digital ve; **80.2** Shutterstock (manfredxy), New York; **80.3** Shutterstock (Viorel Sima), New York; **82.1** Thinkstock (shironosov), München; **83.1** Thinkstock (Anup Shah), München; **83.2** Thinkstock (Lensalot), München; **83.3** Thinkstock (Victor Soares), München; **83.4** Thinkstock (Kandfoto), München; **83.5** Thinkstock (wrangel), München; **83.6** Thinkstock (HuyThoai), München; **84.1** Thinkstock (Pixland), München; **85.1** Thinkstock (James Woodson), München; **85.2** Thinkstock (moodboard), München; **85.3** Shutterstock (Julia Tsokur), New York; **85.4** Thinkstock (Pixland), München; **87.1** Thinkstock (monkeybusinessimages), München; **88.1** Thinkstock (petrenkod), München; **89.1** Thinkstock (Cathy Yeulet), München; **90.1** Thinkstock (Thinkstock Images), München; **91.1** Thinkstock (IvanBastien), München; **94.1** Shutterstock (goodluz), New York; **94.2** Shutterstock (Nadino), New York; **98.1** Thinkstock (Pixland), München; **99.1** Shutterstock (Landscape Nature Photo), New York; **99.2** Shutterstock (Jenny Sturm), New York; **99.3** Milosz Maslanka / Shutterstock, Inc.